執着しないこと

[斯里兰卡]
苏曼那沙拉——著

王景惠 译

佛陀教你放下

一个斯里兰卡佛教长老
的实践心理学

U0642235

人民东方出版传媒
People's Oriental Publishing & Media

东方出版社
The Oriental Press

目　　录

序言　人，原本带着超凡的能量降临世间　/001

第一章　放下"妄想"　/001

想得越多，能量损失越多　/003

你考虑的事情全都是妄想　/005

停止过虑　/009

冷静放空才会闪现智慧　/012

第二章　摆脱"自我"的执念　/015

"我才是正确的"这种想法让你痛苦　/017

有必要追求"完美的自己"吗　/022

放下对自己的苛求　/024

遵守"五戒"，任何人都无法再伤害你　/027

实践道德，使人生更轻松　/031

第三章　放下对"他人"的执念　/033

人际关系的基础是"合作"　/035

你给予他人的东西，决定了你人际关系的

　　质量　/038

想要理解"他人的心情"，先了解"自己的

　　心情"　/042

采取对对方来说"善意的行为"　/044

在人际关系中，质比量更重要　/046

小心说话　/048

对他人说的话要装上"避雷针"　/051

不要把"爱"变成圈禁的藩篱　/055

用"慈"构筑亲子关系　/058

亲子协助关系一直持续到父母去世　/060

让自己成为"灯火"　/063

不拘泥于维持现状　/065

第四章　放下对"物"的执念　/069

执念生万苦　/071

所有的一切都是借来的　/073

东西只有在用时，才有幸福感　/076

让自己和别人都幸福的"节约"法则　/079

不执着于金钱　/081

知识多，并不见得是件好事　/086

抛弃没有用的知识　/088

第五章 放下"过去"和"未来" / 093

"妄想"带来压力 / 095

过去的记忆是妄想 / 096

对过去的执念影响到了对当下的关注 / 100

对未来的不安带来人生的停滞 / 103

人生没有彩排,每次都是正式演出 / 105

精力集中于"现在"的人感受不到压力 / 107

如何成为果断之人 / 110

选择"第三条路" / 113

活在当下 / 116

第六章 放下对"老、病、死"的不安 / 119

接受"老" / 121

佛教如何看"病" / 125

越是执着于身体,越容易得病 / 127

身体有病痛,不要让心灵也跟着受苦 / 131

惧怕死亡的真正理由 / 133

死对生也是一种能量 / 135

如何跨过亲人死亡这道坎儿 / 137

跋 用"笑"充满能量 / 139

序言

人，原本带着超凡的能量降临世间

人本来就拥有超强的能量。

这样的能量并不局限于某些特定的人，每个人都拥有它。所有人都带着超凡的能量来到这个世界。

让我来举个例子。请各位回想下您身边新生婴儿出生时的情景。

从婴儿出生的那一瞬开始，这个家庭就会有翻天覆地的变化。

首先，每个家庭成员的称呼会有变化。原本互称名字的夫妇会变成"孩子他爸"和"孩子他妈"，相应地，双方的父母会变成爷爷奶奶、外公外婆。

有意思的是，一旦称呼改变了，大家就自然会表现出来与称呼相称的感觉。爸爸像爸爸，妈妈像妈妈，爷爷奶奶、外公外婆也都各就各位。

一个人的出生竟会如此影响其周围的人！

也许很多人都不会注意到，这其实就是一个人所拥有的巨大能量。

但是，这种能量会随着年龄的增长而减弱。

上小学之前，大多数孩子都是非常朝气蓬勃的。每天徜徉在无边无际的欢乐之中。也和父母或兄弟姐妹有说不完的话。

但是，这些精力充沛的孩子们，会不断成长。从小学到初中，再到高中，渐渐在这个过程中失却原本的开朗。

有些人每天过得百无聊赖，把自己关在房间里，不踏出房门半步。自然也就很少再和家人说话聊天。

这证明了人的能量会随着年龄增长而减弱。那么，能量为什么会随年龄增长而减弱呢？

这是因为人在不断成长的过程中，会像漏电一样不断地流失这些能量。

损失能量的最大原因便是"动怒"。动怒并不仅仅是我们印象当中的发怒。它还包括怨恨、紧张对抗、嫉妒、小气、后悔，这些都能算作不同形态的愤怒。只要是同上述的例子类似，让自己感情上过不去的情绪，都会让能量迅速流失。

损失能量的另一个重要原因是"欲望"。"好想变得像她一样漂亮""真想赚大钱啊""想永葆青春""真想买一个那个牌子的皮包"等等，我们的头脑之中，时刻都充斥着这样那样的欲望，并且为了满足这些欲望拼尽全力。或者，在没有办法满足这些欲望时感到焦躁和悔恨。此时，心灵和头脑都会感到非常疲劳。这也证明了由于这些欲望，身体正在损失能量。

损失能量之后是需要一定的时间来恢复到先前能量水平的。

人不像手机这些机器一样，能够简单机械地充电。

比如，在学校或者公司遇到不开心的事情，打算休息一两天调整。但有的人会休息过后反而更不想出家门。甚至更极端的人，会一直窝在家里逃避现实。

最近这样的事情在日本频繁发生。

大多数人都觉得休息一两天就自然能够补充好能量，"满血复活"。但事实上并非如此，而做人难就难在这里。

相对来说，小孩子补充能量还是很简单的。比如说，小朋友很容易就会大哭起来，但很快就不哭了。家长简单说一句"看，那有花，可真好看"，孩子马上就会停下来，盯着花看。或者家长随手给个玩具，孩子马上就不哭了，自己就开始玩。

为什么小孩子会比大人容易补充能量呢？这是因为孩子们本身充满能量。即使号啕大哭，也能过一会就咯咯笑起来。

但是，长大成人之后就不能这样了。

大人和小孩子的不同就在于总是想东想西，结果想得太多，原本能量就不多，当然更容易损失。

在大人身上如果有什么不如意的事发生的话，大概会在一周之内都被悲伤的情绪笼罩，即使有什么好心情也会马上消失。

但其实，即使是大人，也有可能继续像小孩子一样充满能量。

不知在您的周围是否有这样的人。享受人生，每天都精力充沛。这样的人就是能量充沛的人。

这样的人拥有更多能量的秘密就在于他们的开朗。他们拥有能够驱除愤怒、苦恼、不安、欲望的开朗。

因为开朗，他们能够充分享受到生的乐趣。

那么，开朗源自哪里呢？

他们的开朗来源于他们能够选择佛教中说的"舍"。

也就是，不执念，能放下。

他们拥有对任何事物都不过分执念的干脆与果断。

前面我提到导致能量损失的原因有怒气和欲望。这些，其实从根本上来说都是源于执念。过分纠结于某些事物才会生出怒气和欲望。

如果能够舍弃执念，就能够免受怒气和欲念的烦扰，从而也就能保持能量满满的状态。

要保持能量，享受生活的乐趣。佛陀告诉你，能达到这个目标的方法就是"舍"——放下。

第一章

放下"妄想"

想得越多，能量损失越多

●● 大人只能向小孩子认输的原因

我们经常不自觉地就会想太多。

但其实我们越多想就会越不安、越恐惧、越没自信，损失的能量越多。

我来举一个找工作的例子来说明这个过程吧。

谁都会有想尝试这种或那种工作的想法。但是，就在这么想的同时，又会有其他想法冒出来，譬如"但是，我好像不能胜任这种工作吧""实际工作起来也许会特别辛苦"等等。

想得越多，就自然会冒出来更多的想法。渐渐地，"想做这个工作试试"的想法也会变得无力。

与大人们形成鲜明对比的是上小学之前的孩子。

大多数小朋友不会想那些多余的事情。所以就会保持着庞大的能量。

比如，那个年龄的孩子在商店看到什么想要的东西，就会什么都不考虑，跟大人耍赖，要家长买给他们。那种想要的心情没有经过任何的考虑或犹豫。只是单纯的"想要"。所以有时我们会在商场看到一边哭一边大叫"我要嘛"的小孩子。

大人会输给这样的能量，大多数的人只能乖乖认输。

●● 想多了，求职反倒没了自信

但是，人长大之后自然不会还像小时候一样那么简单。一有什么想要的东西，就会反复考虑现实，想要的心情就会自然地减弱下去。

刚刚举的找工作的例子，正体现了这样的一种状态。

想太多没必要的事情，就无法表现出强烈的求职愿望，从而就无法向用人单位传达出满满的干劲。不管是怎样的企业，都不会想聘用看上去没干劲的人。

我们每一个人都必须注意不要想太多。想得越多，我们的能量就会变得越少。

你考虑的事情全都是妄想

● 想得越多，你离现实越远

在生活中，一般来说会认为"多多考虑"是好事情。也许确实是这样。但是"多多考虑"所有的事情并不一定都有好处。

不仅如此，在不断反复思考的过程中，很有可能走向歧途。前面提到的求职例子，也证明了这一点。想得太多，结果反而无法向前看。

对于人类来说，"思考"行为是非常重要的。

只是，如果"思考"行为不是基于理性和客观这一前提的话，就不会有意义。

而真正的问题也正在于理性且客观的思考绝非一件简单的事。

大多数情况，人都会受"自我"这一主观因素影响。排除其他视角，只按自己的认知来思考和判断事物。

我们想得越多，距离现实就越远，逐渐进入"妄想"世界。并且，被妄想关住，再也逃不出来。

比如，生了谁的气之后，越细想就会越生气。

无法忘记已经分手的恋人，越是回想曾经在一起的时光就越留恋，更加无法忘怀。

一直想着买房子，就会收集很多相关信息。于是就会萌生出想要这个也想要那个的欲望，以致难以选择。

● 人是否有可能摆脱妄想

妄想是一种剧毒。

我们经常因为妄想而痛苦不堪，感觉活着很难很累。

比如和其他人闲聊时，有时会突然怒不可遏。

"他这话一定是在侮辱我""这个人说话总像命令我似的，真讨厌""这个人真奇怪，在那里自吹自擂"等等。

但是其实，这样的想法也仅仅是你的主观臆想而已。

你也没有办法确认对方是否真的有这样的意图。这只是你在自己头脑里构思出的妄想。

最终，你因为这些妄想感到愤怒。

在自己心里憋着怒气就已经是件很痛苦的事了，

但如果向对方爆发出这样的不满，人际关系也会受损，难以修复。

愤怒是不会带来任何好结果的。

那么，怎样做才能阻止这样的妄想呢？

为此，我们应该打破主观，掌握理性客观判断的能力。换言之，就是要在判断事物时不掺杂主观因素。

● 六个感官

我们的心灵通过六个感官来获得外部信息。这六个感官分别是眼、耳、鼻、舌、身、意。

眼睛观察颜色与形状，耳朵听人或物发出的声音，鼻子闻各种气味，舌头品尝食物的味道，身体接触各种各样的物品，最终这五个感官接收到的信息传导至大脑，用意识进行区分。

这六个感官即指佛教中所说的六根。

六根中眼、耳、鼻、舌、身接收到的信息并不含主观因素，只是单纯的颜色、声音、气味、味道、触感而已。大脑（意）也只是判断这些信息，判断出"这是声音""这是气味"等。"意"在进行分类，但在这一环节也没有诸如"好听的声音""难吃的食物""臭味"这样的主观判断。主观性是在此之后加入进来的。

理性且客观地思考判断，指的就是从外部直接接受信息，之后直接进行区分，不进行加工。

这样做的话，就不会有妄想滋生的余地。

● 是你自己在歪曲篡改信息

但是大多数情况下，我们是不会原封不动接受信息的。甚至可以说，我们在接收到信息的那一瞬间就必定已经开始加入主观因素，试图用自己的主观来阐释信息。

结果，信息经过合成、曲解等各种方式，被肆意歪曲篡改下去。

比如因为别人的话而火大的时候，其实想一想，那些话也只不过是一些声音。这些声音从对方的声带发出，进入你的耳朵，你意识到这些声音。仅此而已。

为这些声音发怒是因为你头脑中不只认识到这些是声音，还主观地想了很多事情。

头脑飞速旋转，无法停止思考着"是不是这样""是不是那样"，不断制造出妄想。而且，这些妄想让你产生了愤怒的情绪。

停止过虑

●● 马上停止"主观"

怎样做能够不被主观扰乱，原原本本地接受信息呢？接下来，我想介绍一个好方法。

就是每当自己想在接收到信息之后在脑内进行主观解释时，实况转播自己当时的心情。

比如刚才说的例子，因为某人的话而怒火中烧。这种情况的解决办法，就是在感到发火的时候，马上实况转播，反映到大脑中，"我现在有怒气"。

这样做的话，怒气会神奇般地一消而散。

为什么情绪会消散呢？这是因为实况转播了现在的心情之后，会自动停止对接收到的信息的主观解释。

●● 禁止说以"我"为主语的字句

因为别人说的话而生气，其实是因为自己会想"那个人为什么说这种话"，试图在自己头脑当中找出理由来，而最终表现为愤怒的情绪。

这时，通过实况转播自己的情绪可以阻止这种思考。

说起来，这种方式就像是按住机器的开关，切断电流一般切断思维。

组织思维活动，自然由之产生的情绪也会消失。这种方法可以从产生情绪的源头根本阻止情绪发生。

这难道不是一个简单而有效的方法吗？那么就从现在开始实践下去吧！

我们的情绪当然不止愤怒一种。还有诸如

犯了错误心情低落，

在职场中嫉妒很能干的同事，

想象老年生活后感到深深地不安，等等。

这些情感其实终归都是你头脑里面制造出的妄想。因此被这样的情绪操纵，陷入不正常的状态，在这种状态下行动、发言，会发生很多不尽如人意的事情。

另外，我需要提醒各位实况转播现在的心情时需要注意的事项。

就是不要使用以"我"为主语的字句。

"我在生气""我在不安"等，都是以"我"的角度进行转达的。这样想实际相当于又陷入主观思考，所以应该避免。

转达的应该是"有怒气""有焦虑"这样的情形，只承认情绪本身。这是阻止主观性思考的要点。

冷静放空才会闪现智慧

●● 瞬间闪现的正确反应才是"智慧"

停止主观思考的话，妄想也会被遏制。这样一来，心灵就会呈现一种无色透明的纯洁状态。

被妄想、情感左右的污浊心灵就会变得清澈。

这个时候，就是智慧出现的时候。

说起智慧，什么可以成为智慧呢？人们面对眼前发生的事情时，瞬间得到的判断便是智慧。智慧可以正确地解决眼前发生的问题。

比如说，下楼梯时没有扶把手，结果差点从楼梯上滚下来。那一瞬间，马上伸手抓住了把手就不会摔跤。

或者，在路上走着走着，车向自己驶来。这时如果马上闪避就可以避免事故。

这样瞬间闪现的正确反应是本能，也是"智慧"。

当然，刚才的例子都是些智慧碎片。

而且，人经过不断磨炼可以增长智慧，那时遇到更难的问题也能在瞬间得到正确的答案。不管发生什么问题，都可以马上用智慧来解决。从而，人的烦恼也会变少。

为此，人其实需要修行。

提到修行，我并不是劝大家出家。刚刚介绍的现场直播自己的情绪，正是一种很好的修行。

不断进行这样的修行，人就能磨炼出智慧。

第二章

摆脱"自我"的执念

"我才是正确的"这种想法让你痛苦

●● 只要活着就无法消除的"自我"

人类的身体感觉与生俱来。

即便是刚出生的婴儿，在他感觉不好的时候也会哭泣，感觉好的时候表情就会十分舒展。这是因为所有人都执着于自己身体的感觉。

事实上，人类为了生存下去，必须执着于身体感觉。

比如说，婴儿感觉肚子饿但不哭出来的话，就没有机会喝奶水。小宝宝睡醒后，如果身边没人就会感到寂寞和不安。这时，哭出声来才能让父母意识到自己醒过来了。

我们的感觉此起彼伏。眼、耳、鼻、舌和身的感觉各不同。

我们在脑部发育的同时，会试图将上述这些不同部位各自不同的感觉统括到一起，这种尝试将会成为我们对身体感觉的执着。

那时才会产生"我"这一概念，也是这时才开始使用"我看到""我听到""我品尝"等语句，来统括各种感觉。

我们是在此时，第一次扭曲了自身的感觉。我们没有按照原有形态接收感觉，而是试图解释"我这个存在感觉到的是这样"。但实际上，感觉无关乎"我"的存在。

一旦产生"我"这一概念，接下来就会经常产生一种错觉。那就是"我平时总是能够实际感觉到本我"。

作为一成不变的"我"，这种意识就是形成"自我"的原料。

这正是让人陷入无尽痛苦中的元凶。

主观解释接收到的感觉，产生愤怒、怨恨、嫉妒和后悔等情绪，这些就像恶性肿瘤一样吞噬人的身心。

能清楚地意识到"这是我"，最终会成长为"自我"这样的恶性肿瘤。所有人的身上都发生着这样的变化。大多数的人意识得到这不是好事。但是，即使觉察得到，这样的变化也是不容易避免的。只有大彻大悟的人才能消除心中自我的错觉。

前一章具体阐述了我们经常在得到外界信息之后进行主观解释，结果会身陷妄想难以自拔。而"主观"

的根源就是"自我"。

笔者介绍了为避免由自我衍生出妄想，可以采用实况转播现在心情的方法。

但是，这个方法只能有限地停止无谓的思考，并不能驱除曲解信息的根源——"自我"。

在佛教中，一般认为只有到达最终的大彻大悟才能完全消除"自我"这一错觉。

●● "我才是正确的"乃嫉妒之源头

不论是谁都会真切地感觉到"我活着"。

只要有"要活下去"的愿望，就一定需要这样真切的感觉。

硬是说"我并不存在"，也只是会被周围的人笑话吧。

不论嘴上是说自己"存在"还是"不存在"，都会实际感觉到"我活着"。这样真切的感觉是不会消减的。

这种"我活着"的感觉，有时会引发各种各样的问题。

"我才是对的""我是完美的"这样过强的"我活着"的意识会导致不良结果，最终自己被自我的妄想控制。

因为觉得"我才是正确的""我是完美的",才会产生愤怒、烦恼、消沉、欲望等感情。

比如说,"怒"。

"怒"有很多种类。我们根据不同的类型把这些情绪称为"嫉妒""后悔""小气""对抗"。

嫉妒这一"怒"比我们日常所说的"愤怒"程度要轻很多。但是,这种感情会像纳豆一样黏着,拉出长长的丝来。

并且,嫉妒也是形成"我才是正确的""我是完美的"这些妄想的基础。

举个例子,在某个公司,有一位非常美丽的 A 女士。

周围人都因她的美貌而不断向她示好。同一公司相似年龄的 B 女士可不会觉得开心。B 女士会觉得"为什么大家都围着她",开始嫉妒 A。

这时,B 的心中会充满"我才更有魅力""我更完美"这样毫无道理的想法。这种想法会让 B 觉得"我也应该是中心人物,为什么大家总是捧着她",不停地嫉妒着 A。

如果没有"我才是最好的"这样的错误想法,而以平常心觉得"她是她,我是我"。那么,对 A 的想法也只会保持客观的评价"真是美人",而不会心生嫉妒,也就不会痛苦。

●● 追求完美会产生痛苦

除此之外,"我才是优秀的""我是完美的"这样错误的想法会产生失落感,同样也会产生压力。

觉得"我什么都做不好"而失落不已,或是一直想"我如果完不成这项工作该怎么办"而感到巨大的压力。

这些都是由于过于追求完美而产生的。强烈觉得"我才是优秀的""我很完美",和现实之间的落差大,就会导致这样的问题。

有必要追求"完美的自己"吗

●● "不完美的自己"并不可耻

只要有"我才是正确的""我是完美的"这样的妄想，就自然会被愤怒、嫉妒、消沉、欲望折磨，这种状态会一直持续。

有的情况下不只是自己痛苦，还会攻击周围的人或物，甚至引发悲剧。

妄想就是这样让自己痛苦，也让周围人痛苦。

不解决这个问题，人生就只会充满痛苦，完全失败下去。

要逃出这种可悲境地，需要驱除"我才是正确的""我是完美的"这样的妄想。

那么，我们应该怎么做？

也许世界上"我才是正确的""我是完美的"这样的语句根本就不成立。因为"正确的自己""完美的自己"并不存在。因为我们大家都不完美。

也许该说，世界上存在的全都不完美。

因此也才会有种种不满，而“想更健康一些”“想再存多点钱”“想吃更好吃的东西”等这样那样的欲望。

但是没必要因为不完美就觉得可耻。

反而有“我才是正确的”“我是完美的”这样错觉的人才是可耻的。因为，这样的人看不到现实。

● 不擅长的事找别人帮忙

为了消除“我才是正确的”“我是完美的”这样的妄想，需要建立一种“我不完美”的信念。

认可自己的不完美，然后端正态度。

其实想一想，自己非要那么完美吗？

试看芸芸众生，除了你之外，还有千千万万的人。

这些人之中有很多人掌握了你不会的能力。

但同样，也会有很多人没有你所拥有的能力吧。

不擅长的事就找别人帮忙，做自己擅长的事，别人也需要你的本事，人生在世都是相互扶助的。

生活中能够相互辅助就好。你没有必要做到百分之百完美，谁都没有奢求你必须完美。

“我不完美，但，那又如何？”

请把这句话放进你的日常生活中去。试试看，你将会感到心灵的轻松，也就能更好地享受人生。

放下对自己的苛求

● 练习舍弃"自我"

　　我们在能够接受自己不完美之后，有另外一项需要特别练习的项目——"分离自我"。

　　就像刚才所论述的，如果能很强烈地感觉到自我，就容易陷入愤怒、烦恼、无尽的欲望之中，痛苦不堪。

　　所以，这个练习的目的是锻炼自己，让我们能够用别人的眼光来看待自己，从而放下对自我的苛求。

　　方法与前一章中所说的实况转播自己的情绪相似。

　　打个比方，你叫"张三"。

　　你总是处理不好情感问题，为此很是困扰。这时能够说"张三很苦恼"。

　　或者，你心情焦躁、手足无措的时候，不要冲动行事，只是想自己实况转播"张三很焦虑"。

　　被蚊虫叮咬之后痛痒难耐，就对自己小声说"张三觉得很痒"。也许一开始会觉得有些奇怪，但先试试看吧。

被上司批评之后心情低落的时候，先对自己说"张三很消沉"。

就像这样，用第三人称客观地描述自己内心的感受、当时的行为和状态。

这样，产生的问题就都会云消雾散。

另外，在作报告或重大考试前，感觉到紧张的时候也可以用这个方法解决。

心怦怦跳个不停时，就对自己轻轻说"张三现在觉得紧张"。

人在紧张的时候，会手足无措，不知道该做什么才好。让自己放松的方法有很多，比如在手心里写个人字然后"吃掉"。但我觉得这个方法并不是特别有效。

缓解紧张最简单的方法是向自己确认"我现在是在紧张"。将自己现在明显感觉到的紧张感反馈给自己，紧张感就会一扫而光。

但其实，在自己很紧张时，想要客观地传递给自己"我现在觉得紧张"并不是那么容易的。

因此，需要用别人的眼光看待自己。从第三者的角度看待自己，能让自己更轻易地控制好现在的情绪。

●● 把"自己"当成"别人"来看

练习这个方法的重点在于不使用"我"这个词。这一点同上章中的现场直播情绪一致。把握好这点能够让自己用别人的视点看待自己，消除对自己的苛求。

把自己当成别人来看待是非常重要的。

我还想向大家推荐一个方法——写日记。在日记中用自己的名字或者昵称表示自己，用这样的方式记录每天发生的事情。

佛教中说的"冥想"其实就是这样的练习。反复练习之后，能够让自己客观看待身体的各种感觉。

想要掌握这种能力不会花费很长的时间，简单练习即可。大家可以尝试一下。

遵守"五戒",任何人都无法再伤害你

●● 佛教中保护自己的方法

有的人因为害怕自己不完美的地方受到攻击,所以才不敢承认"我不是完美的"。

但其实完全没有必要担心。因为能攻击你的人也都是不完美的,所以他们不可能给你致命的攻击。

不管怎么说,大家都想尽量避免来自他人的伤害。任谁都不愿被别人伤害。

佛教中教授了避免伤害保护自己的方法。

这就是"五戒"。

①不杀生戒——不杀伐

②不妄语戒——不说谎

③不偷盗戒——不偷窃

④不邪淫戒——不同配偶以外的人发生性行为

⑤不饮酒戒——不喝酒

"五戒"正是我们保护自己的手段。只要遵守好"五戒",我们就能免受周围的攻击。甚至,潜在的

"敌人"还会帮助我们，化敌为友。

◖◗ 顺应现代社会中的"五戒"

也许在当今的时代背景下，想要完全实践"五戒"是非常困难的。就拿不饮酒来说，工作应酬时被迫喝酒也是没办法的事情。

那么，在现代社会中，我们应该如何实践"五戒"呢？

我们先来思考一下，释迦佛祖是为了传达怎样的中心思想而订立了"五戒"。

我认为释迦佛祖是想通过五戒，传达出"不干扰众生""不致自己不幸"的思想。所以，也许遵守"五戒"可以说就是让自己、别人都能不受阻碍，幸福生活的一种方式吧。

"不影响别人的生活方式"也许比较抽象晦涩。那么我用现代口语简单地解释一下，就是"不做见不得人的事"。

◖◗ 何为"见不得人的事"

"见不得人的事"也不一定就是释迦佛祖所说的五戒。

在释迦佛祖生活的时代，有个出家人苦于清规戒律太多太复杂，不易修行。

释迦佛祖并没有说"因为你是出家人，所以只能从自身努力克服"，而是问那个僧人："假如说只有一条戒律，你能好好遵守吗？"

听了这话僧人十分高兴，回答说："只有一条的话，我一定能严格按照戒律生活。"

于是，释迦佛祖对他说："那就请你遵守这唯一的一条戒律吧。永远不要污染你的心灵。"

结果那个僧人每天都认真地实践这条戒律，很快大彻大悟了。

那位僧人遵守的戒律——保持心灵纯净，和"不做见不得人的事"是相通的。

如果每天坚持"不做见不得人的事"，就能达到和遵守五戒相同的效果，让自己免受伤害。

只是有一点需要注意。是不是所谓的"见不得人的事"不能由自己主观判断。剔除"我"这一主语，尽可能客观地判断。毕竟有的事情自己觉得见不得人，但他人也许会觉得没什么。

谁都会认为是见不得人的事，一般是指那些做了就会给周围人带来困扰，让人感觉到不愉快，甚至是愤怒的事情。这样的事情就不要去碰。

刚刚提到过不做"见不得人的事"就能免受攻击，于是也会有人担心"我曾做过那么多坏事，如何是好……"

其实，有办法能解决这种不安。

那就是坦率地承认错误。不再隐瞒到目前为止所做的错事，承认自己的过错。

"君子坦荡荡，小人长戚戚。"放下，不再患得患失，坦然面对，方可心安。与其日后东窗事发或被抓住把柄越陷越深，不如早日悔改，不再担惊受怕。

实践道德，使人生更轻松

●● 遵守道德的人能活得更轻松

"不做见不得人的事"，换句话说就是实践道德。

也许有人会觉得这"似乎很难"。但这实际上是误解。真正实践起来，其实并非什么难事。

不仅如此，心情还会变得轻松。

试想一下，做了偷盗、吸毒、诈骗等"见不得人的事"的人，精神上一定会感到不安吧，会总担心"要是被别人发现就完蛋了……"

即使本人并没有意识到，也会成为极大的心理负担。做了"见不得人"之事的人会为此而疲惫不堪。

若是未下定决心"不做见不得人的事"，遇事就会难以抉择，"要是被别人发现就完蛋了，但我是该做，还是该放弃？"

这是对时间与精神能量的双重浪费。

相反，若是下定决心"不做见不得人的事"，就可以毫无后顾之忧地生活下去。在面临抉择时，也不会优柔寡断，而能够快速作出决定。

第三章

放下对"他人"的执念

人际关系的基础是"合作"

●● 合作关系的基础：付出和索取

正如第二章中所述，因为每个人都是不完美的，所以人与人之间应相互辅助共同生活下去。

所谓人际关系，实质上是一种合作关系。我们与各生命相互合作赖以生存。

这样的合作关系无论何时都无法割裂。因为实际上我们直到死去都一直与周围人进行着合作。

合作关系的基础是舍与得。

我们有"给予他人的东西"，同时他人也有"想要索取的东西"。我们向他人付出，便也能从他人那里获得想要的东西。

人际关系因此而成立。

我们之所以"想要交朋友"，是因为想从对方那里索取"我们想要的东西"。"我们想要的东西"不仅仅局限于物品，也可能是对方的善意、一起共度的时光以及对自己的赞美，等等。

"交朋友就是为了付出"这样的人应该很少吧。

●● 怎样才能交到朋友

但若只是"想要索取",人际关系则无法成立。因为舍与得是基础。若有"想要的东西",自己必须先准备好"给予他人的东西"。

例如,容貌姣好的人可以将她的"美"给予他人。因为赏心悦目,所以有许多人"想要得到"那种美。

所以,帅哥美女总是很受欢迎。

或是,有一个说话特别风趣的人。他能说出各种笑话。听他说话,周围的人都感觉到快乐。那么这样的人就是将"愉快交谈"的喜悦给予了他人。因而总能不断地交到朋友,受到大家的欢迎。

●● 将自己现在"拥有的东西"给予他人即可

这样一来,或许有人会问:"我既不漂亮,也不会说话。那我应该怎么交朋友呢?"

请不要误解我的意思。之前所说的仅是一个例子而已。

能够给予他人快乐的,不仅仅局限于美貌与幽默。将自己拥有的东西给予他人即可。

没有必要为了"今后要变成美女"而努力。

若是天生不善言谈，也没有必要执着地让自己成为健谈的人。

例如，话不多的人可以将"安静地听对方说话"这一优点给予对方。实际上，不善言谈的人往往都比较善于"倾听"。

人类本身都是渴望倾诉的，只是大多时候找不到可以倾诉的对象。这种情况下，有能够"安静地听对方说话"的人是一件多么让人欣慰的事啊。

"想要倾诉"的人与"能够安静地听对方说话"的人之间，付出和索取的关系得以成立，因此，他们之间能构筑起亲密无间的朋友关系。

佛典中记载着这样一个故事。

　　一位神仙向释迦牟尼问道："怎样才能交到朋友呢？"

　　对此，释迦牟尼的回答只有如下的一句话。

　　"能够为他人付出的人才能交到朋友。"

我认为这是关于交友方法的绝佳答案。

大家将各自所拥有的东西给予他人即可。

这是交友的基本守则。我想这并不困难。

你给予他人的东西，决定了你人际关系的质量

●● 物以类聚，人以群分

先前介绍了释迦牟尼的箴言"能够为他人付出的人才能交到朋友"，在此想做一下补充。

若你将无用的东西给予他人，则只会交到无用的朋友，最终获得无用的东西。

因为对"无用的东西"感兴趣的人，必然也是给予他人无用之物的人。

若是教给周围人"偷窃的方法"，那么汇集而来的必定是强盗或者想成为强盗的人。

若是授以他人"欺负他人的方法"，想必招致而来的应该都是想要欺负他人的人。

给予他人酒的人，或许能和爱喝酒、嗜酒成瘾的人成为朋友。

我想净说废话的人，其朋友多半也是爱听废话的人。

能够交到什么样的朋友,取决于你能够给予他人什么。

想要交到好的朋友,就应本着一颗纯粹的心,将"好的东西"给予他人。

授他人以有用的知识,就能和爱学习的人成为朋友。

以善待人,就能和善良的人成为朋友。

若性格开朗,就能和开朗的人成为朋友。

人际关系有着这样的法则,即所谓"物以类聚,人以群分"。在交友时,首先要付出。这样才能和志趣相投的人成为朋友。

请活用这一法则。

"想成为会学习的人""想成为能出色完成工作的人""想构建一个幸福的家庭""想成为一个理性的人"……

想必大家心中都有一个"想成为的自己"吧。活用这一法则,就可以逐渐实现目标。

例如,若想成为"有智慧的人",就应和有智慧的人做朋友。这样一来,自己也能逐渐成长为"有智慧的人"。

●● 人生取决于与谁构建人际关系

这样一来，有人会有如下疑问。

想和"有智慧的人"做朋友，自己必须授他人以"智慧"。可是自己正是想要成为"有智慧的人"，现阶段并没有这样的智慧。那么，岂不是永远都无法和"有智慧的人"做朋友了吗？

其实不然。当你遇到"有智慧的人"时，向他请求说"我也想成为有智慧的人，请教给我方法吧"就可以了。

当你坦率地说出那样的请求时，对方便会认可你是他的朋友，并且会想"给予你一些我所拥有的东西"。

但是，不能因此而怠慢。即使自己能够给予对方的东西非常有限，也应竭尽全力地为其付出，积极寻找能使自己派上用场的事情，给予对方帮助。

若是只想单方面从他人那儿得到什么，以这种态度去交往的话，则无法将对方身上的正能量吸收到自己心中，永远都不会有所成长。

另一方面，若是"想要成为这样的人"，那就请远离那些与之相反的人们。

例如，"想要成为有钱人"却总和挥金如土的人、债台高筑的人、事业失败的人等交往的话，你的理想就难以实现。只有和有钱的人成为朋友，才能掌握赚钱之道。

甚至可以说，我们的人生取决于我们与谁构建人际关系。

所以，人际关系至关重要。

想要理解"他人的心情"，先了解"自己的心情"

● 你希望别人为你做什么

最好是能够给予别人最想要的东西，这样立马就能成为朋友。

如此一来，我们自然就会想知道他人想要的是什么，继而就会产生一个愿望，"想了解他人的心情"。

但是，我们应打消这一想法。

相比之下，了解"自己的心情"更为重要。

他人为我做什么时，我会感到高兴？

他人要求我做什么时，我会感到不悦？

他人说我什么时，我会感到开心？

他人说我什么时，我会感到生气……

用这样的方法去寻找将引发自己各种情绪的原因。

这是了解他人心情的基础。

●● 你和他人有许多"共同点"

为什么想要了解"他人的心情",先要了解"自己的心情"呢?

因为人与人之间有许多的共通之处。

例如,人在生气时表现出的特征大多是相同的。提高音量、瞪圆双目、皱起眉头,等等。

将日本人与中国人、美国人相比较,也没有太大差别。即使激动程度稍有差异,但其基本形式可以说是几乎相同。

不仅是人类,所有生命体都有着许多共同点。

例如,狗生气时的表情十分恐怖,一眼就可以看出它生气了。并且,行动也会变得非常粗暴。

最终,我们可以说所有生命体都是差不多的复制品。其中,内心活动都遵循相同的法则而进行。想不到生命体的内心竟是这般一致!

所以当你了解了"自己的心情"后,自然而然就能够理解"他人的心情"了。

采取对对方来说"善意的行为"

●● 抛去"自我"的"自己的心情"

当了解了"自己的心情"后，就可以继续探究"他人如何对待我时，我会感到高兴"。

在对自己的心情完全不了解的情况下，即使去思考"我这么说的话，他会感到高兴吧""这种程度的话，他不会生气的吧"，往往也只是无端想象。

若是在这种状态下，对对方说些什么或做些什么，不仅可能没法让对方高兴，甚至还有可能让对方生气。

另外，在了解"自己的心情"时，若是太过强调"自我"，则无法使"自己的心情"＝"他人的心情"。

例如，因为自己爱吃肉就请素食主义者吃肉等等。这是完全没有理解"他人的心情"的表现，这样的行为只会让对方苦恼。

为使"自己的心情"＝"他人的心情"，需努力抛弃"自我"。其方法在第一、二章已有所介绍。

在反复实践的过程中，就能逐渐领会到"自己和他人是相似的"。或许并非用脑，而是用身体去领会。

这样一来，以自己的心情为基础，便能够顺利找到使对方高兴的做法。

例如，仍是刚才有关吃肉的例子。

吃肉时，自己会感到幸福，那并不是因为它是"肉"，而是因为吃到了"喜欢的东西""想吃的东西"。

就是说，素食主义者也会因为吃到了"喜欢的东西""想吃的东西"而高兴。所以，为了使对方高兴，并非"因为我爱吃肉，所以请你吃肉"，而应"请你吃你想吃的东西"。

若受到了这样的招待，那位朋友一定会认为"你很理解我，很了解我会因什么而高兴"，因而能和你成为很好的朋友。

你不希望他人做什么？若是找到了这个问题的答案，无论是对于自己还是对于他人，就都不要做那样的事。

另一方面，你希望他人为你做什么？若有答案，就请先为他人做那样的事吧。

构建幸福的人际关系，诀窍仅此而已。

在人际关系中，质比量更重要

●● 没必要和不喜欢的人交往

正如在本章开头所述，人际关系是一种协助关系。

但并不是说要和所有的人都构筑合作关系。现实中我们时常会有"这样的人似乎难以交往"的感觉。

也有人想要"和所有人都友好交往"。但是这样的想法是不切实际的。如果觉得自己"好像没法和这个人亲密交往"，那就没必要费尽心思与其交往。

无论是在公司、学校还是社区，我们都并非要和所有人交往。

"能与几个人交往？"对于这个问题每个人都有自己的可承受范围。有的人能与几百人轻松交往，而有的人最多只能五个。

我们将自己的交友范围保持在可承受范围内即可，没必要超负荷交友。

●● 超负荷交友是不幸之源

我想实际上大家都是这么做的。

无论是同事、同学还是私交，保持亲密交往的人数大多是固定的。

若与除此之外的人有些接触，也不会给生活带来什么不便。有事的话就说上几句，无事的话，颔首而过。

仅靠这样的寒暄，日常生活也能得以成立。

如果你处在这样的人际关系中且并不感觉有什么问题的话，不也是挺好的吗？若是还想要扩大自己的交友范围，可以尝试努力提高自己的承受上限。

请抛弃"和任何人都得友好交往"的想法。想要幸福地生活下去，那就在自己能承受的范围内与人交往了。

超过自己的承受限度，会伤害到自己。

小心说话

●● 佛教中"语言"的四恶

与他人构建良好关系时，必须注意措辞。

佛教中有"十恶"的说法，是指由"身"（身体）、"口"（嘴巴）、"意"（意识）所犯下的十种恶行。

①杀生：杀害生命

②偷盗：偷窃

③邪淫：不良行为

④妄语：说谎

⑤恶口：恶语伤人，诋毁、诽谤他人

⑥两舌：为了挑拨离间而说谎

⑦绮语：违背现实的夸大之词，花言巧语

⑧贪欲：强烈的欲望

⑨嗔恚：强烈的愤恨

⑩邪见：错误的见解

其中，有关"口"的恶行有四个（"妄语""恶口""两舌""绮语"）。有关"身"的有三个（"杀生""偷盗""邪淫")。有关"意"的也有三个("贪欲""嗔恚""邪见")。

即有关"语言"的恶行比别的要多出一个。

这就是说,我们有必要注意我们的措辞。

人类社会的特征是"语言文化"。可以说这是将人类与动物区分开的最重要因素。因为动物是通过"声音"来进行交流,而并非语言。

●●"语言暴力"更可怕,今天你施暴了吗

在以"语言文化"为特征的人类社会,"语言"有着非常大的影响力。运用语言,大多事情都能做成。

语言可以让人恐慌。

语言可以激起人的欲望。

语言可以增加对方的愤怒,可以促使对方杀人。

而动物则是根据当时的状态、情绪不同而嘶吼或鸣叫。从逻辑角度来说,他们并不是在嘶吼或鸣叫。

但这么说也并无问题。也许有的人听到这些声音会觉得"吵",但在动物们的世界中并没有这回事。

而人类运用"语言"做同样的事情时,就没那么随意了。

运用带有特定含义的语言、语法来表达情绪,有时会伤害对方或招来不幸。

自己说的话而伤害到了别人，是很重大的罪过。

比起动手动脚施加暴力，语言暴力对人的伤害更大。

"说话"实际上是一个危险的行为。

因此，我们在说话时才需要格外小心。

我们应对自己说的每字每句负起责任。不能不加思索地随意乱说，也绝不能像动物那样歇斯底里地嘶吼或鸣叫。

对他人说的话要装上"避雷针"

● 没必要拾取"语言呕吐物"

对自己所说的话应十分小心。但有时自己虽很留心，对方却并不一定能够做到。所以有时不得不直面对方情绪化的语言。这时，我们应该怎么做呢？

此时，希望你们注意到的是，对方是在一个劲儿地宣泄自己的情绪。也就是说，这时他所说的话不过是他的"呕吐物"而已。我们没必要将他人的"呕吐物"拾起来咀嚼。

因此，我们可以认为"这个人是在宣泄情绪，这些话都是呕吐物"，把他的话当耳旁风即可。

只要想着"这句话是呕吐物"，无论是多么伤人的话，我们都可以始终保持内心安定。即使对方想要伤害我们，我们仍能泰然处之。这样就能够保护自己免受伤害。

但并非所有针对你的语言都是"呕吐物"。也有许多是对你而言十分重要的话。

这些话有时听起来会很严厉，但它对你的成长来说是不可或缺的。

例如父母的话。父母对孩子说出很严厉的话时，通常是因为打心眼儿里为孩子而担心。语言越犀利的父母，通常更爱孩子。

对于这样的话，我们要洗耳恭听。

我即使到了现在这样的年纪，回到故乡见到亲戚时，也仍会被说这说那。但我觉得这也是一种快乐。因为能从亲戚的立场说我两句的人，全世界就只有这么几个。

对于你所听到的话，有的应该认真听取，有的则可以无视。这取决于对你说话的人。把你所听到的话分辨清楚是十分重要的。

● 只将必要的话注入人生的"输电线"

我经常使用这样一个比喻："他人对我们说的话，就如同人生的输电线。"

我们因他人对我们说的话而成长。对于这一点，大家都能够认同吧。

想必很多人都有因周围人的话而受到启发、刺激从而改变自己的经历吧。

但是，注入输电线的并不都是必要的电力。这就是之前所说的"语言的呕吐物"。

打雷时输电线会被破坏，不幸的话，家中的电器设备也可能会受到攻击。这着实让人困扰。

所以，为了防止雷电，有必要在输电线上装上避雷针。这样，注入输电线的就都是必要的电力了。

而起到"避雷针"作用的，便是分辨清楚发话者的能力。

正如在第一章中反复阐述的那样，这种能力要在不断弱化"自我"的过程中去磨炼。当你能够客观地看待、判断事物时，自然就能分辨出谁的话该听、谁的话该无视了。

为此，我们要不断提高抛弃"自我"的能力。

● 不恶语伤人，就是在保护自己

那么再向大家介绍一种使自己免受他人"语言呕吐物"伤害的方法。

那就是不从自己口中说出伤害他人的话。

前面写道，能够从他人那里获得什么，取决于自己能够给予他人什么，"语言"也是一样。

给予对方"良言"，就能从对方那儿获得"良言"；

给予对方"恶语"，就只能获得"恶语"。

因此，只要不从自己口中说出伤害他人的话，他人也不会恶言相向。

你若对对方说"祝你一切顺利"，对方亦会回应"也祝你一切顺利"。

以这样的方式与其他生命体构筑良好的关系。

能够从他人那里获得什么，取决于自己能够给予他人什么。

请培养起这样的日常思维习惯吧！

不要把"爱"变成圈禁的藩篱

●● 养育子女需要"放手"

人际关系也包括亲子关系。

如今在日本，有许多父母烦恼于如何养育子女。我也与许多父母聊过。

"和孩子的关系不好""不知道应该怎样培养孩子""我家孩子很宅""孩子在学校受欺负"……

在此，想向大家介绍一个有关如何构筑亲子关系的佛教观点。

佛教认为养育子女，爱而过度则不好，需要放手。或许很多人会质疑说，"放手不管，那如何养育子女啊！"

但是，实际上确实是可行的。

你看动物和昆虫，它们不都完好地养育着它们的子女吗？它们在养育子女时并没有人类所说的"爱"。

同样地，人类天生就具有养儿育女的本能。

孩子一出生，那种本能也就随之出现了。因此即便没有养育子女的知识，也都可以顺利地将孩子抚养长大。

●● 爱的本质是一种占有欲

那么在佛教中"爱"是怎样一种东西呢？

是"占有欲"。

自己的"占有欲"，就是想将事物永远留在自己手边的一种强烈的欲望，以及对于"占有物"离开自己视线范围的恐慌。这就是"爱"的本质。

用这种爱来养育子女，父母与子女都会感到"痛苦"。

父母将孩子作为自己的"占有物"，想把孩子抚养成自己所希望的样子。带着"想把他培养成这样"的愿望，竭尽全力让孩子成为那样的人。

但是，我想包含人类在内的所有生命体都是生来就"渴望自由"的。

当然，这世上有许多规则，不受任何束缚地自由成长是不可能的。而在这样的制约下，仍尽可能地"想要自由地生存"，这就是生命。

孩子也是一样，他们渴望"自由生存"，却总受到父母占有欲的制约。

●● 孩子试图用暴力斩断父母的占有欲

虽是亲子关系，但也是各自独立的人。

孩子有其自己"想要变成那样"的想法。但父母将其否定，强制孩子"成为这样"。

这样，孩子无论如何都想从父母的"占有欲"中逃脱。

实在无法忍受父母的占有欲的孩子，想方设法斩断与父母的关系，斩不断就打，再不行就杀。

在日本，孩子殴打父母的家庭暴力事件，甚至杀害父母的事件屡有发生。我认为，父母的占有欲是极其重要的原因之一。这样的占有欲终将破坏亲子关系。受到攻击的父母和实施攻击的孩子，双方都会受到痛苦的精神折磨。

用"慈"构筑亲子关系

●● 所谓"慈",即平等的关怀

那么,用什么来养育子女呢?用"慈"。

佛教认为,应用"慈"代替"爱"来养育子女,用"慈"来构筑良好的亲子关系。

但是,所谓的"慈",似乎有些难以理解。

那究竟是什么呢?是"对所有生命的关怀",以"希望你能够幸福"的祝愿来对待所有生命。

至于育儿来说,就是对"我家孩子"和"别人家孩子"一视同仁,平等地去关爱。

也许这绝非一件易事。无意间就会对"我家孩子"区别对待。要将"爱"转换成"慈",是相当困难的。

这时,"所有生命之间都有许多共同点"这一思维方式能够给我们些许暗示。

天下父母对孩子的心情亦有共通之处。做父母的都有着类似的想法。

例如,"对天下父母来说,孩子都是重要的"。不仅是人类，动物界也是如此。

理解所有"父母"的共同点，我们就能够将"爱"转换成"慈"。

◐ "慈"并非自我牺牲

慈必须是"无条件"的关爱，不应期待从对方那里得到回报。

虽说如此，但慈并不意味着"自我牺牲"。"慈"是不承认牺牲的，并不是要为了其他生命而舍弃自身做出牺牲，慈是不期待回报，平静地履行自己的义务。这才是慈的真谛。怀着慈悲之心对待所有的生命，自己也会感到幸福，这是最好的状态。

亲子协助关系一直持续到父母去世

●● 父母是帮助孩子实现自立的协助伙伴

佛教认为，亲子关系是一种"协助关系"。

孩子不是父母的"所有物"，是自由的个体，是能够自立生存的个体。但若在幼年时就放手让其自立生存，孩子是无法活下来的。因此，他们需要"父母"。

孩子要活下去，就需要父母的协助。而到一定程度后孩子就可以自立生存了，于是他们从父母身边独立出来自己生活。但亲子间的合作关系并不因此而终止。

父母逐渐老去，于是开始需要孩子的协助。这一次则是相反，父母要生活下去，就需要孩子的协助。这样一来，亲子的协助关系将一直持续到父母去世。亲子间就是这样一种关系。

●● 既无"离开父母"也无"离开子女"

将亲子间关系理解为"协助关系"，"离开父母""离开子女"这种说法就无法成立了。因为既然是互相"协助"生活，就没有必要特意离开了。毕竟协助关系会一直持续到父母去世才终止。

之所以用"离开"这样一个词，是因为亲子陷于相互"敌对"的状态。

其实，最初使用"离开父母""离开子女"这样的词，是因为对对方有执念。

为了斩断这样的执念，不得不用"离开父母""离开子女"这样的词来表达。这种"执念"的源头是"占有欲"。父母把自己的孩子看作是自己的"所有物"。

而孩子或多或少也能意识到，对于一直照顾自己的父母来说自己是"所有物"这一事实。

若这样的想法不断增强的话，往往易导致"宅"与"啃老"现象的产生。因为他们认为"父母一直像奴隶一样照顾着我，今后应该也会一样的吧"。

● 在这个世界上不存在"我的东西"

不仅是亲子关系，这个世界上的任何东西都不可能真正从属于谁。

我们两手空空来到这个世界上，从出生时起，就不曾拥有任何一样"自己的东西"。但我们却总是认为"那是我的东西""这是我的东西"，在我看来这是一种瘾症。

释迦牟尼说，我们在世俗的世界中所说的"我的东西"，"只不过是为了与世人交流而使用的一种语言"。不过是权且这么说而已，按照真理的标准严密说来，这个世界上并不存在"我的东西"。

我们不曾拥有任何一样"自己的东西"。所以要与他人互相帮助、齐心协力共同生活下去。

唯有这样，才能在世上生活下去。而且，若你能发现这一点，就能以更轻松的心态享受自己的人生。

让自己成为"灯火"

● 你的微笑能照亮周围

在佛教中，把怀着慈悲之心对待所有生命比作"灯火"。

因为有了"灯火"，它的周围都变得明亮起来。

拥有这样功能的不仅仅局限于"灯火"。

例如，我们在赏花时觉得"好美啊"。光是看着就赏心悦目。

但是，花并非想着"我要让大家觉得美""为了让大家高兴，我要尽全力"而盛开的。它只是自然而然地绽放，我们也是看到它自然绽放而觉得心情好。

人也可以以这样的方式存在。因为有那个人存在，周围人的心情都变得好起来。以这样的方式生活，其实并不困难。

只需对所有生命都怀有一颗慈悲之心，无论周围人如何对待你，你都对他们报以微笑，都能保持内心的平静，长此以往，周围人也会渐渐改变。

父母都平和淡定，他们的孩子也能够心神安定。夫妻一方轻松安闲，其伴侣也能够宁静快乐。微笑的人周围总会会聚来更多微笑的人。

这就是让自己成为"灯火"生活下去的方式。

不拘泥于维持现状

● 越想维持现状，烦恼越会增多

人与人之间的关系，时时刻刻都在变化。

亲子关系、夫妇关系、朋友关系……人际关系不可能永恒不变。

再亲密的朋友，也有可能想法变得不合。再相爱的恋人，也有可能关系变得冷淡。

佛教中用"无常"一词解释这样的现象，这世上的所有东西都是瞬息万变的。而我们往往会惧怕"变化"，总是不知不觉地追求着"保持现状"。无论是人际关系，还是社会结构，抑或是经济状况……

总之，我们拼命努力维持着"如今"的现状，争取不差毫分。一旦稍有变化，就会感叹："当时多好啊。"

但我们身处"无常"的世界，若总是依赖于保持现状，烦恼只会一直增加。

世界瞬息万变，我们自身也时刻都在发生着变化。

也许我们并没有意识到，不仅是周围的环境，我们自身也始终处在变化之中。

●● 所有的生命都因改变而存活

说得绝对点，对于生命体而言，理所应当随环境而改变自身，否则就无法存活。

例如，章鱼为了在海中存活，能够很好地伪装自己。为了躲避敌人、获取食物，而不断地改变自己。

人类也是一样。只是或许因为人类与其他生物相比，改变自己的能力较弱，所以对于"改变"这件事并不积极。但不改变就不能存活。

对于自己的改变或周围环境的改变一直持否定态度的话，烦恼与问题将层出不穷。

人际关系的问题，大都是死死维持现状，不能应对变化而引起的。

●● 为了适应变化而改变自己

我们应该更敏锐地感知自己以及周围的变化。

然后试着摸索在这样的变化中自己应该作何改变。

这既是构筑良好人际关系的秘诀，也是使自己幸福的方法。

例如，孩子一出生，我们就成了"父母"。我们应该时刻思考着"作为父母应怎么做",根据孩子的成长而改变自己的做法,跟随孩子一同成长。

若不及时地改变自己,就会接二连三地引发亲子矛盾。也有些父母把孩子当作自己的附属品一样去管理。这样的人他们或许比起孩子,更爱自己。

夫妇关系也一样。

妻子与丈夫双方都处在变化之中。并且周围环境也一直在改变,孩子出生、工作变动、房屋搬迁等。

为了构筑幸福的家庭,随着上述变化而改变自身是十分必要的。若双方都拘泥于维持现状,家庭生活就难以继续下去。

"无常"是自然的法则。

我们无人能阻止万物的变化。因此,为了能够在这无常的世上幸福地生活下去,我们唯有不断地改变自己以适应变化。

第四章

放下对"物"的执念

执念生万苦

●● 没有永恒不变的事物

就像我在第三章最后讲到的,万物皆无常。这是佛教的基本精神。

世间万物瞬息万变,最终都会消亡。没有永远不变的事物。

举个例子。即使你如愿盖了新屋,这新屋也不能保持永久不变。10 年、20 年间,它会陈旧老化。屋子漏水,门窗关不上,地基变得不稳,很多地方都会出毛病。家人也是如此。孩子长大离家独立生活。现在所处的状态不会永远持续下去。此外,人心也在不断变化。就算是自己也不能掌控自己的想法。

这是大家都拥有的生活经验。比方说,对分手的恋人,纵使你想挥剑斩情丝,也总有余情未了。我们的心都在不停转变,自己也不能轻松控制。生命总有一天会消失。当灵魂远去,自己无法掌控肉身,只能任其腐朽。

●● 执念于乐，乐变为苦

一方面，我们对于不断变化的事物，却期望它们保持现状并一直持续下去。

想要永远拥有金钱、人脉、健康……

就这样，人们把周围的一切都误认为是自己的，并对这些"自己的东西"产生了执念。这种执念正是我们痛苦的根源。可以说，世间的一切痛苦都可以用执念来表达。

越执着就越痛苦，想要解脱就只能放下执念。

佛说，"一切不可住、不可留、不可得，需育无执念之心。"

所有的一切都是借来的

●● 赋予了"价值"便无法舍弃

放下执念，我们就能从痛苦中解脱。

然而，虽说"要放弃所有执念"，做起来却绝非易事。

举个例子，现在我拿着垃圾箱到大家跟前说"为了放下对金钱的执念，请把钱包扔到垃圾箱里吧。"大家会把钱包扔进去吗？

我想绝大多数人都会说"没钱包很不方便"，拒绝将钱包扔掉。

有"没了什么就不行"的想法就是因为你给事物赋予了"价值"。

不光是钱，我们给所有"自己的东西"都赋予了价值。

举个例子，大扫除的时候，想着"这回一定要把没用的都扔掉"，可这些东西摆到眼前时，又觉得它们都是回忆，舍不得扔。

就这样给它们赋予了价值，有了不扔的理由。

如果不能舍弃这些价值，就不可能放下执念。

◉◉ 生不带来，死不带去

执念难以舍弃。悟道后就感觉不到执念了。

即便达不到悟道的境界，也可降低执念。

就是通过降低把事物作为自己东西的意识。

其实在世界上，没有什么是自己的。我们的身体不是自己的，就连心也不是自己的。

这么说是因为这些都不是百分之百受我们自己管控的。身体总有一天会衰老，心也不全受自己控制。而且，死后没有什么能带走。我们的身体、知识、金钱、家人、朋友都留在了人世。换个更好的说法，我们离开了这个本不属于我们的世间。

◉◉ 怎能将借用之物说成是自己的?

结论就是，这个世间所有的东西都是我们借来的。不管是金钱、肉体，还是人际关系，死后都要还给这个世间。现在我们所认为的自己的东西，不过是借给我们暂用的而已。

所谓的执念，就是将这借来的东西说成是"自己的",不准备将它还回去而产生的。但是,这也不是完全通用。租车和借 DVD,逾期不还就要收滞纳金的。

现在周围那些让你感到想要占有无法割舍的东西,不管你觉得它们有多么重要,死后还是不得不舍弃它们。

以这种角度再看周围的事物,你会发现想要永远占有它们是多么可笑啊。

如果能这样想,就能降低执念。

东西只有在用时，才有幸福感

●● 吝啬是病

执着之心会让人更加"惜物"。

简单给"惜物"下个定义，它其实就是吝啬。

对于"自己的东西"，自己不用也不让别人用，用布包好想把它藏起来的心情就是吝啬。

只准自己用，不让别人用也是吝啬。

"惜物"的人的思考方式消极自私。

比如说，他们讨厌别人来自己家玩，也绝对不要在家里开派对招待别人。

佛教认为，这种消极自私的思考方式是精神病的一种。得了这种"惜物"的病，幸福被吞噬，人陷入不幸，变得堕落。

●● 东西只有在用时才有价值

之前讲过这世间所有的东西都是我们借来的。那为什么我们要借来它们呢？就是为了用它们。

举个例子，你借了一辆车，是为了把它锁在车库里不用吗？不是这样的，借车是为了乘坐它去目的地。

不管是多高级的菜刀，把它 100 年束之高阁，那就失去了意义。菜刀只有切食材时才有意义。

即使是著名的乐器，如斯特拉底瓦里家族制作的小提琴，若把它放在保险库里就没有意义。只有用于演奏时，它才能展现出非凡的意义。

金钱也是如此。攒钱虽能让人开心，但更让人开心的是用钱买到心仪之物、实现愿望的瞬间。

举个例子，孩子考上了心仪的学校，拿积攒的钱付学费的瞬间，父母感到无比的幸福吧。当孩子说"爸爸妈妈，感谢你们让我上这个学校，我永远也不会忘记这个恩情"时，父母会感到更加幸福吧。

如果只一心积攒财富而不使用，每日担心"钱被盗了怎么办"，这种状态是很不幸的。

对借来的东西，充分使用后就物归原主。东西只有在使用时，我们才能感到幸福。

●● 与别人共享时更加幸福

一方面，东西不光为了自己而使用，和别人一起共享时能感到更加幸福。

举个例子，取得一笔额外收入后，不是自己一个人独享美食，而是呼朋唤友，共度良宵。

再者，建起宽敞的大房子后，叫上朋友或邻居，大家用这个地方唱歌斗舞，吟诗作画。

比起一个人独享，让两个人甚至更多人共享时，使用东西的喜悦也会增加。

让自己和别人都幸福的"节约"法则

前面我们谈到,"东西只有在使用时,才能让自己和他人感到幸福"。但这并不意味着可以浪费。

树立节约意识非常重要。

"节约"指的就是为了维持生命只用必要的资源量,绝不浪费。

我们现在,不使用很多东西就没法生存生活。不光是你,其他人也是这样。

比如说,不吸氧气就不能维持生命。

这时,吸氧的权利并非你独享。其他人、其他生物都有吸氧的权利。这时,应该只吸收维持身体健康的必要氧气量。如果过度吸收,就剥夺了其他生命生存的权利。

这也适用于地球上的资源和粮食。

如果部分人独占并挥霍浪费的话,就会带来其他人的痛苦。这就是对其他生命生存权利的剥夺。在自己不经意间便犯下了罪过。

在使用东西时会感到幸福。但如果挥霍浪费的话,就会给周围并最终给自己带来不幸。

"众生都有生存的权利。我们使用向世间借来的万物得以生存。只做必要的用度，剩下的分给其他的生命。"

怀着这样的节约意识来使用东西非常必要。

这就是让自己和别人都幸福的"节约"法则。

不执着于金钱

●● 佛祖建议的"花钱之道"

一说要放下执念，大家特别关心的就是金钱。"我明白放下执念能更幸福，但无论如何都放不下金钱。"经常有人这样跟我说。

这里，我就花钱之道简单介绍下佛教的看法。

当代社会，金钱占据了社会的主导地位。"金钱就是一切"的思潮在世界蔓延开来。

结果，人类成了金钱的奴隶。很多人对金钱执迷不悟。

对金钱的执念不是一件好事。和其他东西一样，金钱也是只有使用才能带来幸福感。

正确使用金钱令人幸福，错误使用金钱则会招来不幸。

那么，正确的花钱之道是怎样的呢？

佛祖对从事个体经营的俗家弟子这样说道，"把收入的一半用于投资，四分之一用于生活，剩下的部分存起来。"

最近在日本，月光族很多。所以说实践佛祖的花钱之道可能很难。

但在掌握花钱之道时，佛祖的教诲还是很有参考价值的。

首先是"投资"。

这里说的投资，不是指买股票买房产。而是为了维持自己和家人的生计所进行的必要准备。能带来稳定收入的行为就是佛祖所讲的"投资"。

比如说，公司职员为了取得稳定收入，要掌握很多技能。这种技能学习就符合"投资"的定义。

个体户为了开店营业需要"投资"。为了维持经营，也需要"投资"。

另一方面，如果买股票和不动产，不能一定保证收益，也有瞬间失去所有财产的风险。

也就是说是在碰运气。把钱花在这上面，不叫投资，叫赌博。要想幸福，赌博是绝对要禁止的恶行。

佛所说的"投资"，是让自己和所做的事业慢慢发展的东西。

在未来不可知的这个世间要想生存下去，必须让自己和事业有所发展。

"为此,要投入收入的一半。"佛如是说。

● 金钱要优先用于守护生命

佛说,"把收入的四分之一用于生活。"

用于维持生活的金钱,其使用的首要原则是用于守护自己和家人的生命。

举个例子,在自己和家人的医疗费上小气吝啬,却在买不能放多少东西的名牌包上花几十万元。这很不可思议。比起物品,生命更加值得珍惜。

任何时候在花钱时,都要问下自己这是不是必须花的钱。检查一下所花的钱和取得的服务与产品的质量是否相称也很重要。

做完这些后,如果觉得值得买就花钱买,觉得没有必要就等着钱富余的时候再买。

不乱花钱,冷静理智地对待金钱是很重要的。

● 关于储蓄、遗产和借钱

钱不仅用来花,佛说也要用来储蓄。这和我们在这章所说的"东西不要一直持有,要使用它"的说法为何不一致呢?

那么为什么佛祖说,"要把收入的四分之一用于储蓄"呢?

这并不是为了满足欲望。因为这世间万物都是无常的。

所有的一切都瞬息万变。明天会发生什么谁也不知道。而且当发生什么的时候,并不一定能依靠上父母和亲戚。

所以,有点积蓄是必不可少的。而且,积蓄在死后通过捐赠等方式给自己积德不也很好吗?积蓄留给孩子这种想法还是不要有的好。

子女继承父母的财产是世间惯例。很多人都把自己一辈子的积蓄留给子女。但并不能因此就觉得把财产给子女是义务、是必须做的事。

我们的子女在继承财产时,可能会有遗产纠纷发生。事实上,这种纠纷经常发生。

与其死后留下一堆纠纷,拿财产帮助需要帮助的人,身无分文地离开人世不是更好吗?

反正死后也带不走一分钱。

金钱也和其他东西一样,最终都是"借来"的。就算努力攒钱也不能变成自己的。它是这个世间借给我们的东西。

正因为如此,应将存款在自己死后(死之前也可以）用于帮助不如自己幸运和因疾病残疾无法取得收入的人。

这是有意义的存款使用方式。

关于花钱之道，我还有一个想跟大家说。

那就是尽量不要借钱。

借钱其实就是使用了不属于自己的钱。换句话说，就是挥霍掉不确定的未来。这不是正确的花钱之道。

现在的日本充斥着借贷的宣传。但是，不能因此就轻易借钱。

金钱应该在人一辈子里正确地不含杂念地使用。死的时候不能留下借款。这才是佛教推崇的花钱之道。

知识多，并不见得是件好事

●● 为什么拥有过多的知识不好

知识也是让人执着的东西之一。

我们有时候会被这样一种欲望纠缠，那就是把别人教的、自己学的东西都记住，想要尽可能多地掌握知识。

然而结局就是让人感到痛苦。

我们生活需要知识，知识能让人生变得快乐。

但并不是对每个人来说，知识越多越好。掌握过多知识，有的人就变得傲慢。

对周围摆出"我知道这个"的夸耀姿态。"我才是对的""我是完美的"这样的念头越来越强。

这会让人生更辛苦，使本应带来幸福的知识反而带来了痛苦。

●● 过多的知识让人生变得复杂

随着知识的增多，人生也变得复杂。

比方说，当处理问题的时候，拥有知识的人就会依赖所学的知识，以此考虑对策。

但是拥有过多知识的话，想起它们来就很费事。因此浪费了时间，当终于得出结论"要这样来对应"时，为时已晚，这种情况很多。

当遭遇火灾和事故生死攸关时，更是这样，容不得浪费时间。

并且，拥有过多知识时，就会东想西想考虑很多没用的东西。对待事情很难快速应对。

举个例子，在吃饭时面对眼前的食物，开始有"这个有很多添加剂""今天卡路里已超标，忍忍不吃了""肉对身体不好"这样的想法而难以下咽。

人因为有很多知识所以总是把事物复杂化。

抛弃没有用的知识

◖ 知识是暂时的

知识本身往往是暂时的。

在一定的时间、空间内它是正确的，如果更换时间地点它又可能是错误的。

以史为鉴，有很多这样的例子。

最终，知识这种东西是根据一定基准来判断正确与否的。

对于50年前的住宅，如果以新建住宅为基准，它就毫无疑问是老式的；但如果跟京都和奈良的寺庙比起来，它又是新潮的。

就像这样，暧昧的、相对的，无法给出准确答案的就是"知识"。我们不能完全依赖知识。

◖ 对知识进行筛选

佛教并不推荐乱学知识。

要学那些对人生有用的知识并使用它们。

此外，对人生没什么作用的知识完全没必要去记。

这就是佛教对知识的态度。

我为了履行佛教的教义，下决心不再去记于己无益的知识。如果不这样的话，人就会不断增长没用的知识。

学习知识，常备"过滤网"非常重要。通过"这个知识可以记，那个知识没必要记"的意念来筛选知识。

另外，对于那些划分为不用记的知识，可以享受忘掉它们的乐趣。

另 方面，对于决定要记住的知识，就要花精力好好记牢。

像这样有所选择的话，就可以将必要的知识一次记牢。

● 真心认为必要的知识，自然而然就能记住

紧张感对记忆力非常重要。有趣的是，有"对我很重要"这样的紧张感，就能毫不费力记住知识。

这里讲一下我刚进大学时发生的事。

我当时觉得好不容易进了大学，一心想要做出让教授惊叹的研究。

但是，当时的我没钱买书和本。也就是说，我上课时没有办法记录老师讲课的内容。

这样，唯一的方法就是将以上的内容在上课时段内完全消化理解。

因此，上课时我跟谁也不说话只是专心听课。有趣的是，这样一来讲义的内容没有任何困难就理解了。这正是因为我有"这是我必须做的"这样的强烈信念。

记忆力是自然而然就能得到的。感兴趣的东西和必须记的东西是自然而然就能记住的。记多少遍都记不住的东西对现在的你可能是没有用的东西。对于没有用的东西不用去硬记。

记不住的东西就是记不住。这是区分知识是否对你有用的方法之一。

●● 重要的知识需要反复温习

对于记忆力来说，还有一点很重要，那就是复习。对于所学的知识需要再三复习。

记了一遍的东西，因为只是短期记忆，时间长了就会忘掉。好不容易记住的，忘掉了多可惜呀。

为了让它变成长期记忆，我们需要反复复习。

比如说，书不是读了一遍就完了，要再读几遍或者是试着回想内容。

通过这样复习享受知识的乐趣，就能产生想忘也忘不掉的长期记忆。

第五章

放下"过去"和"未来"

"妄想"带来压力

●● 我们歪曲了"过去""现在""未来"

现代社会，压力大的人到处都是。可以说现在是全社会的压力时代。

为什么感到压力，在科学界研究很多，但是从佛教来说，压力来自"妄想"。

我们的大脑里大体上就在想三件事情，过去、未来和现在正在发生的事情。

这三件事情因为在脑中不基于理性判断而是由主观认知来解释，因而偏离事实形成"妄想"。

因为这种妄想，我们产生了痛苦和压力。

在第一章里，关于"考虑当下正在发生的事"，我们介绍了如何才能不受主观认知的影响。

现在在本章里，我们要介绍一下如何不被"过去"和"未来"困扰。

首先来说"过去"。

过去的记忆是妄想

● 过去只能用来埋葬

我们很多时候为过去的记忆所苦恼，为过去的失败而后悔，对过去的恋人依依不舍，对过去所受的侮辱感到愤怒，对不够努力的自己而懊悔，等等。

大家现在的烦恼中，由过去引起的部分很多。

可是，大家所回想的"记忆"和事实大致不符。也就是由主观认知加以扭曲形成的"妄想"。

举个例子，小学生在学校里吵吵闹闹时，老师会严厉地训斥他们说，"喂，你们在干吗呢？！"

有过这种经历的孩子在回忆这段往事时会加入自己的主观认知。如果由于被老师批评感到恐惧的话，回忆时就认为"老师很生气""这个老师不亲切"。

然后，经过 10 年、20 年再回忆那个老师时，就觉得"他是一个容易生气且对孩子不好的老师"。

但是，事实是怎样的呢？

那个老师可能不过是提醒活力十足的孩子们不要

做危险的事情而已。训斥他们不过是关心他们的安全，为了保护他们远离危险罢了。

然而在孩子们的心里，对老师这方面好的记忆却一点都没有。

正因为如此，我们不要太相信过去的记忆。

我们现在对自己经历的事情，忘掉想忘的，记住想记的，强调想强调的，自己对事实加以润色修改。

记忆就是这种可信度不高的东西。

所以，佛教认为"如果要回忆，就准确地按顺序不受个人感情影响地回忆"。

但是，这需要进行修行达到相当高的精神境界后才能做到。否则，无论如何想要准确按顺序不受感情影响地回忆往事原有的样子，结局都是陷入恣意妄想中。

回忆这种充满妄想的记忆没有任何意义。

越想和现实差得越远，渐渐人生就陷入了恶性循环。这是失败的生存方式。

这样的话，如果达不到那样高的精神境界，怎么办呢？

那就别强迫自己想过去的事情。我们都是凡人，不想过去的事情比较好。过去只能用来埋葬。

这里没有"过去"

在现在这个时间点,"过去"本身就是不存在的。过去的实体在眼前也是不存在的。

比如说,和朋友见面聊天。

之后,回到家里,为"那时我的反应还是差一点""刚才那句话好像没有把我的心情传达给她"这些而烦恼不已。

这种经验大家都有吧。

然后,烦恼了好几天后想着"下次见到她的时候,要这样说",做了充分准备。

但一旦见到那个朋友,在大多数情况下没有机会做出自己所设想的反应,说出计划要说的话。

朋友会聊新话题,而对你很重要的上次的谈话,对方已经忘记了。

这样一来,费了很多心思准备的东西都浪费了。岂止如此,一想到"这些日子的烦恼到底算什么呀"由此又产生了新的烦恼。

● 新现实需要新对策

用佛教的"无常"来解释,过去已经不在了。

佛祖是这样说的。

"在我的指尖,哪怕是微尘也无常。"

这世间万物都瞬息万变。

试着解释的话,就是"现在的事物"转瞬即逝,新的事物应运而生。就在现在这一瞬,我们也正在经历生死轮回的过程。

瞬息万变,诚哉斯言!

所以,过去不过是已经消亡的事物。

过去跟你聊天的朋友已经不在这里。在你眼前的是新的朋友。

新的朋友需要新的应对方式。被过去所牵制做出的应对,不仅达不到想要的结果,还会带来新烦恼。

对过去的执念影响到了对当下的关注

●● 忏悔是人生的进步

为过去烦恼，不断受其影响，会破坏当下的幸福。这是非常不值的生活方式。

为了现在能幸福地生活，需要下定决心埋葬过去。

深深埋葬过去让它永远沉睡，绝不要把它再挖出来。

然而，尽管如此，肯定有人很难将过去埋葬。特别是"后悔"这种心情总是刻在记忆里，难以释怀。

责怪自己"为什么做了那种事情"，或者责怪别人"如果不是他阻挠，应该发展得很顺利"……

对过去的种种感到懊悔，沉湎其中难以自拔，心情就越来越低沉，状态也越来越差。这是人生的后退。

为了摆脱这种"后悔"的状态，我们需要"忏悔"。

忏悔是坦率面对自己的过失，以"这种错误不会再犯"的态度，向前迈出一步。

后悔是人生的后退，忏悔是人生的进步。为了充满阳光地前进，需要忏悔。通过这样来埋葬关于过去的妄想。

◐◐ 正因无常，才有希望

对于那些即使忏悔了还是对过去的失败和痛苦耿耿于怀的人来说，这里还有一个让内心乐观向上的思考方式。

这就是之前提到的关于"无常"的态度。

世间万物都瞬息万变，这是佛教的基本理念。

在日本，视无常为"不吉"者并不少见。他们认为"所有的东西都在一刻不停地变化，不存在一成不变的东西，所以努力也没用"。

这种想法没有正确地认识无常。

正是因为变化，我们才向前生活着。

比如说"今天失败了"，但是因为所有的东西都在变化着，失败不会永远持续下去。承认失败中自己的过失，想着"为了不在同一个地方跌倒两次，我要这样做……"，就能改变自己。

同时，因为你周围的环境和人也在不停地变化，你挽回失败的机会还有很多。

正因为"无常"我们才得以不断前进。

●● 幸和不幸都是自己造成的

在人生中会发生各种问题。没人能阻止问题的发生。关键是问题发生后该怎么办。

因为世界里没有"绝对的失败"，所以只要对应方法合适就可以挽回失败。自暴自弃，想着"这样失败的自己已经无药可救"的话，非常地不值。

最后，幸福或不幸都是自己造成的。

如果能正确认识无常，就能做出带来幸福的举动。如果不能正确认识无常，就可能做出带来不幸的举动。

过去已经发生的事情已经没有办法改变。不应为此不断烦恼，而是应该想想如何解决问题，下一步应该如何行动。

正因为这个世界是这样的变化无常，我们才能产生这样的想法。

如果能理解无常，我们就能开拓眼前这个美好光明的世界，就能不去在意周围的事情，摆脱烦恼痛苦的生活方式，像空气那样无忧无虑地生活。

对未来的不安带来人生的停滞

●● 对未来的妄想

接下来，我们来讨论一下如何消除对未来的妄想。

现在日本很多人都把"不安"这个词挂在嘴边。

这种不安的心情为什么会产生呢？

这是因为看不见未来。

未来事先不可读不可知，所以产生了不安。

这不是现在才发生的事情。

想了解未来、控制未来的这种心情，古今中外都一直广泛存在。因此，世界上有很多占卜和迷信存在。

但是，我们要冷静地考虑一下。"未来"在现在实际是不存在的。"5年以后会变成那个样子"这种事情一定会发生吗？

答案是否定的。未来在现在这个时间点还没有形成。你在明天下午两点会做什么事情现在还不知道。当然看着日程表，对未来做出安排是可以做到的。但它并非确定不变的。不按日程表行动的可能性很大。

"过去"还不存在，未来还未形成。

对于"看不见的未来"东想西想，就等于是在对还没成为现实的事物进行妄想。

●● 对未来进行预测命中率很低

佛教认为，未来不过是脑中的妄想。组合这个妄想的是过去的信息。

但是，像先前所说，过去的信息本身也是妄想，是主观认识对事实加以扭曲之后的东西。以过去的这种妄想为基础形成的认识，更是妄想了。

因此，对未来的预测往往不能成为现实。

实际上，像天气预报这样，基于没有感情的数据加以分析，准确率也不过80%。更不要说那些由妄想组成的对自己将来的预测了，它们应该不会实现。

尽管这样，我们还是对未来进行各种妄想，变得不安。冷静一想，岂不滑稽？

人生没有彩排，每次都是正式演出

● 你应该着眼于"现在"

过去不存在。未来也还未形成。考虑不存在的事情没有意义，只是时间和精力的浪费。

比起它们，我们应该集中意识去想的是"现在"。把精力全部放在现在该做的事情上。

那些"现在"正发生的事，如果不去马上应对，在瞬息万变的世界里，就会很糟。

比如说，当遭遇火灾的时候，没时间细想，火会在瞬间蔓延开来。

对于眼前的现实，是否能瞬间做出准确的判断？能否马上做出正确的行为？这种随机应变的能力决定了生死。

佛教认为，"不能沉迷于妄想，不能被感情支配。必须培养理性的认识。"这种主张就是为了增强对眼前发生的事情随机应变的能力。

这种能力，就是我们在第一章所讲的"智慧"。

面对眼前的问题，能瞬间做出判断、采取行动，这种能力就是智慧。

◖◗ 把所有精力集中到现在

为了锻炼这种能力，你要把精力集中在现在该做的事情上。

面对眼前的现实，先自问自答"现在的我能做什么"。

无论发生了什么事都能当场解决。

最初，也许不能马上找到解决方法。但是，一直练习把精力集中在眼前的话，"随机应变"的能力就能得到锻炼，就会增长"智慧"。

人生没有彩排，每次都是正式演出。要珍惜每一秒来生活。

这是佛教所讲的生活方式。

精力集中于"现在"的人感受不到压力

● 疲惫是缘于不知该如何做

把精力集中到现在该做的事上，所带来的优点不仅仅是让你拥有人生智慧，它能渐渐把你从压力中解放出来。

日本当代很多人感受到压力，很大一部分原因是不知道自己该做什么好。

当今世界，信息泛滥。有让你选择不过来的无数选项。当这些选项来到眼前，人们为不知道如何选择而苦恼，在这个过程中变得疲惫不堪。

不知道做什么工作好，不知道学什么好，不知道参加什么志愿者活动好，不知道读什么书好。大家因为不知道该做什么而身陷苦恼。

以前的日本不是这样的。以前的人清楚地知道"今天，我应该做什么"。因此每天忙碌的生活，没空儿去烦恼"我应该怎么办"。

虽然生活绝对不如现在轻松，但也不会像现代人这样感受这么大的压力。

●●"无压力生活"

在《巴利文大藏经》中这样讲道，佛祖时代，出家人就是现在所说的无家可归的人。为什么这么说，因为他们抛弃了一切出家。无论有钱没钱都一样。

因为没有家，时常在树下睡觉，衣衫褴褛，食不果腹。早上起来就去化斋，吃各家的剩饭。

一般人感觉这样的生活很辛苦吧。

但是出家人却一直生活得很阳光。

就算被瓢泼大雨淋到，他也不会抱怨"都湿透了，什么鬼天气"，发泄不满。

近处的田间有一栋小屋，出家人虽然对屋主请求说："今晚能在这里住吗？"他也只是为了躲避一个晚上的风雨，第二天他就会离开。如果没有小屋的话，他就选择那么淋雨而息。当时的出家人就是这样生活的。

看到出家人这样生活，国王非常吃惊，他问佛祖："我每天穿着靴子走在厚厚的地毯上，睡觉时想盖多少被子就盖多少被子，为了安全起见不让虫子进来，每天都把窗户关得严严的，护卫24小时不间歇保护着我。尽管这样我晚上还是睡不着,经常做噩梦。然而,一无所有的出家人却睡得安稳快活。为什么你们能做到这样?"

佛祖答道:"因为我们活在当下。"然后,佛祖又补充道:"请尽量活在当下。"

这就是佛祖关于如何无压力生活的回答。

"活在当下"就是把现在每一分钟能做的事都做好。然后,把精力集中在下一分钟能做的事上。如果能这样简单地生活,就感受不到压力了。

如何成为果断之人

●● 犹豫带来不幸

"现在不知道做什么好"这是因为心里很犹豫，没有一个明确的判断标准。

因而，总想着"这样做可能比较好吧""那样做比较合适吧"，犹豫不决。

人生不能这样犹豫不决。不能当机立断，就无法向前进步。

比如说，早上上班出门时，如果想着"今天去不去公司呢""吃不吃早饭呢""坐不坐电车呢"这样为琐事犹豫烦恼的话，上班就会迟到。

这虽然是个极端的例子，但是类似的情况下犹豫不决，瞻前顾后的经历，想必大家都有。

犹豫没有意义，只会输掉人生。我们要摆脱犹豫不决的状态，变得果断一些。

这就需要有一个明确的判断标准。

●● 在为那些"怎样都行"的事情烦恼吗

在做判断时，希望大家知道世界上有两种事情。一种是明确需要判断是非的事，还有一种是怎么都行的事。

比方说，善恶的标准就是前者。"这是好事，马上行动。""这是坏事，绝不能做。"事情的判断需要当机立决。

然而，世界上还有无关是非，不涉对错的事，比如说，买晚饭时，是买一个卷心菜还是半个，就不存在什么是非标准，怎样都行。

事物分两种，然而我们容易将这两种事情用同种方式判断。

因此，对于怎样都行的事也"这样不行，那样不行"地烦恼不停。

但是，这是在浪费时间。不仅浪费了时间，还浪费了我们的精力。

●● 明确对错的标准

优柔寡断，浪费时间。人生短暂，如果不能每刻都充实地度过，以后会后悔不已。

为了人生不留遗憾，首先要明确区分需要判断是非的事。

然后，那些怎样都行的事则随心情处理即可。不管怎样，它们从字面来看是"怎样都行"的事，不管选择哪边，结果都差不多。

可以扔硬币来决定那些事。与其苦恼不决，不如痛快些。

另一方面，不能随便处理的就是前者，需要明确判断是非的事。

它们需要明确对错。这该如何判断呢?

首先，自己要有明确的判断标准。

佛教推荐的一种判断标准就是，"坏事坚决不做。"

简单地说，就是第二章所讲的"见不得人的事"。

有了标准，就能对事物做出迅速的判断。进一步说，因为不做"坏事"，还能够避免最坏的局面。

选择"第三条路"

●● "中道"不是"折中"的意思

有了"坚决不做坏事"的标准，就明确了什么可做，什么不可做。那么，关于"可做的事情"应该持有怎样的标准呢？

这个问题上，佛教推荐的是"中道"。

有不少人认为佛教的"中道"是"折中""宥和"的意思，其实这种看法是一种误解。

"中道"指的是"正确的应对"。更简单地说，就是"没有错误""正确的""明确的""唯一的"。

不能采取"折中"这种态度。应该采取一种"只有这样做才对"的态度。

举个例子，关于真正的朋友，佛祖是这样说的，"只表扬你和只批评你的人都不是朋友。"

如果这用"折中的应对"来解释的话，一半表扬你、一半批评你的人，就是真的朋友了吗？

但是，佛祖没有那么说。

原本，对于那些一半表扬一半批评的情况，如果把每种情况里不好的一面拿出来，"就变成了100%不好的事"。在这种情况下，就变成了片面的表扬和批评了。和这样的朋友一起不会成长。

佛祖说的"真的朋友"指的是"真心关心朋友，希望朋友幸福的人"。因此，认为不好的时候，就铁着心批评；好的时候，就由衷地表扬。

中道并不是"折中"，而是在此之上的是非分明的生存方式。第三条路才是中道。

●● 时常自问什么才是正确的判断

然而，中道的选择并不容易。

就算有绝不做坏事的意识，也不是谁都能马上做到。

为了能选择中道，需要有能力判断什么是正确的。

我们需要当场做出决断，没有烦恼怎么办的时间。必须迅速观察现状，分析"现在这种条件下，正确的态度是什么"，然后马上给出答案。

这样才算是切实履行中道。要做到履行中道，智慧也是必需的。这需要舍弃对自己和他人的各种执念。

同时，要时常自问"现在我应该采取的正确的态度是什么",养成做决断的习惯。

通过不断进行这样的训练,就能亲身掌握实践中道的能力。

因此,要切身实践中道。

说话做事都要牢记以中道为标准,然后在做完判断后,要继续想有没有更好的做法。

这样,我们就可以做出正确的判断。

活在当下

●● 讨论将来的梦想，是为了偷懒

作为这一章的总结，我们讨论一下未来。

不用考虑未来，这是佛教的观点。

很多人认为要有将来的梦想，佛教却不这么认为。

原本考虑未来这件事就是"妄想"，因为未来还没有形成。

考虑"将来我想这个样子"，其实就是对自己现在的环境不满，渴望着不同的生活而已。幻想着"如果那样的话，应该比现在生活更轻松"。

这在我看来就是"偷懒的想法"。

就算实现了由"偷懒的想法"引申出的梦想，也不一定会生活幸福。

人生因为阴差阳错，可能会向着以往没想到的方向发展。

佛教所倡导的生活方式就是不要考虑"未来"，把现在这个时刻能做的事情做到最好。不要考虑"做了这件事，对将来有什么作用"这样多余的事情。

　　不幻想未来，也不被未来所束缚，以"把现在的事情做到最好"的姿态生活。

　　想在当下，乐在当下，活在当下。

　　这就是佛祖推荐的快乐人生。

第六章

放下对"老、病、死"的不安

接受"老"

●● 生老病死是一个整体

人是最容易感到不安的，这种不安是与老、病、死分不开的。然而，有生就会有之后的老、病和死。

生而为人，则必然会衰老、会生病，最后会死亡。这是我们不愿接受却必须接受的事实，是不能改变的现实。在这一章，我们将从佛教的角度讲述如何抛开对老、病、死的恐惧。

●● "永葆青春"只是空想

我们先从"老"讲起。

佛教中的死分为两种。一种是物体的"死"，另一种是反复发生的"死"。前者就是指人类和动物的"死"，而后者是更微观层面的"死"。

例如我们身体的细胞寿命约为三个月，三个月之后细胞会死亡并被排出体外。也就是说，每三个月人体内的细胞就会更换一遍。我们身体的细胞通过这样的死亡与产生的循环来维持我们肉体的生命。在我们的心中，也不断循环进行着这种微观的"死"。我们的心灵也如同细胞一样，不断产生新的想法和念头。这些想法和念头源源不断地出现，又一个一个地消失。

佛教中讲"有死才有生，生是死的延续。"

由这种"死的延续"可以看出，一切都是不断变化的。"永远不变"的事物是不可能存在的。这在佛教中被称为"无常"。

世事皆无常，每一瞬间都在不断变化之中，这是人类不能干涉的自然法则。

有人会对衰老感到不安。为了应和这种需求，我们在街头巷尾都能看到各种保健器具、保健方法与保健食品等。"抗衰老"一词也流行起来。

通过这些努力，我们的确可能在一定程度上延缓衰老，但最终所有人都会有老去的一天。在这个无常的世界中，谁都不能"永葆青春"。

有人想一直保持年轻，可惜这只能是白日梦。就像是想让自己长尾巴、长角一样愚蠢——这绝对不可能实现。

如果有人拼命地想让自己长出翅膀来，人们会怎么做呢？应该是告诉他真相吧。如果这种想法太过强烈，可能还会有人劝他去看精神科医生。

可是，没人会劝想要永葆青春的人去看精神科。这是因为有太多人这样想了，所以我们谁也不能指着他们的鼻子说："你净空想，精神病！"

●● 如何排解对衰老的不安

虽然有些人明白上面的道理，可还是会对衰老感到恐惧。那么这些人该如何排解这种恐惧呢？答案就是抛下"不想变老"的念头。

出生即是变老。婴儿长成幼儿是变老，小孩长成少年是变老，少年长成青年是变老，青年长到中年是变老，中年长到老年还是变老。

人的生命，最开始只不过是一个细胞，通过反复不断的分裂而产生了几百万亿个细胞。细胞只有在不断变化的过程中，才会产生新的细胞。"不变"就意味着"死"。也就是说，"不想变老"就等同于"现在就想死去"。

阻止衰老就是阻止生存，不变的细胞与泡在福尔马林里已经死亡的细胞别无二致。

人的一生中时时刻刻都会有活着的乐趣，不论婴幼儿还是年轻人，不论中年人还是老年人。

然而，有很多人在到了中年和老年时，忘记了那份乐趣——这些人总认为"生活的乐趣是年轻人的特权"，并且为自己衰老的身体感到烦恼，"想要永葆青春"——他们总抱着这份不可能的幻想。

衰老是自然法则，就像是我们无法改变地球绕着太阳转这个事实一样。人为了这些自然准则烦恼，真是滑稽可笑。

生即意味着老，即使是婴幼儿也会一天天地老去。只不过从语言上会有"成长"和"衰老"的区分而已。

既然能为了孩子的成长而感到欣喜，为什么不能为了通向死亡的成长感到欢喜呢？如果人能够怀着这样的想法，那么抛开对老的恐惧也并非难事了。

佛教如何看"病"

●● "病"在佛教中的定义是什么

接下来，我们来看一看"病"的相关内容。

本来我们的身体就都是有缺陷的，不可能存在所谓"百分百健康"的状态，身体总有某一部分正在出问题。甚至也可以说，正是因为患病状态的存续，人才得以生存。

佛教中对于"病"的定义和世俗社会有着极大差异。我们可以由"病"联想到的，大多会是像感冒、癌症、心绞痛等等具体病症的名称。但是，佛教定义的"病"指的则是若不进行维持，就会死去的状态。

例如，停止呼吸就会痛苦不堪，这种状态一旦持续就会死去。几天甚至几周不排泄，迟早会导致死亡。若一直持续着空腹状态，也会最终死掉。

为了维持这些状态正常运行，需要一刻不停地呼吸、定期排泄、根据需要进食。因此，在佛教定义中，呼吸、排泄、空腹等问题都属于疾病现象。

●● 佛教中，身体的常态即疾病状态

可以说，我们每天从早到晚都在全心全意地维持身体运转。心脏通过跳动向全身输送血液，胃通过蠕动消化食物，全身通过出汗调整体温，这些都是维持身体的活动。

因此，从佛教的出发点来看待身体，即身体时常是患病的状态。

刚刚提道，身体都是有缺陷的，不存在百分之百健康的状态，希望各位读者通过上述阐释能够理解。

其实，谁都会单纯地想"不想得癌症、高血压、心肌梗死、中风、糖尿病这些疾病"。

事实上，这些疾病只不过是从出生瞬间一直到死亡瞬间一直存续的疾病状态上出现的特别现象，就像是大树的树干上长出了蘑菇一样。

世上肯定有些人绝对不会患这些疾病，还有些人即使患上这些病也能通过治疗痊愈。

这些病症的成因多与我们的生活方式有关。过于执着于生，穷奢极欲地生活，最终导致身体被蹂躏殆尽，可以说是自受其苦。

越是执着于身体,越容易得病

●● 身体这台机器迟早会停止运转

身体终究还是一台机器,是"物品"。正因为身体是机器,所以和各种各样的产品一样有使用年限的。只要是在正常使用年限内,连续不断地维持基础的呼吸、进食、排泄等,身体即可正常工作。

进一步说,大多数机器在正常使用年限内,厂家可以免费维修,同样地,身体这台机器也可以在正常使用年限内进行一定程度的自我修复。

例如,我本人在感冒时就基本不服药,甚至那时也不进食。只是一直用充分休息来犒劳过于疲劳的身体。大多数情况下,光靠这样,感冒会不治而愈。

另外,也会有光靠身体自己的力量无法痊愈的时候,也就是一般人所说的罹患疾病。

遇到这种情况,便需要专业医学的关照了。但是,说到底最终维持身体运转的还是自己。医学起到的不过是一种额外的支持功能。

但是，一旦超过正常使用年限，再怎样维持也难以企及正常状态，直至最终完全停止运转。那就是"死"。

各位家中使用的电器产品没有永远能够正常使用的吧。使用时小心翼翼，而且日常维护也做得既认真又仔细，也许能延长使用寿命。但迟早有一天，它也会变得无法再继续工作。身体这台机器亦然。

人类的身体其实就是这样的。原本就处于损坏状态，而且说不定什么时候就完全坏掉无法运转。

●● 心理状态不佳，会加重身体的不良状态

有很多人不能意识到身体也是机器，迟早会停止运转这一事实，被"健康"这一空想紧紧抓住心智，只要身体有一点不舒适，便小题大做，尝试着各种各样的所谓"对身体有益"的事物。好像正是由于他们支持，才会使社会上充斥着大量的保健方法、保健食品、保健药品等。这样的人对于身体太过执着，导致心理无法稳定平静下来。对身体的担心与不安，会使心灵失去平和纯净。问题是，一旦心灵不再纯净，身体便会马上受到它的不良影响。

身体和心理往往是一同行动的。进一步来讲，驱动身体这一机器的，正是心灵能量。身心关系，不言

自明。

心里充满蓬勃朝气时，一般不会觉得身体状态不好吧。反之，对什么事都提不起兴趣的时候，会感觉到"这也疼、那也疼"，出现各种不良的身体状态。这正是"病由心生"。

有一点不舒服，就担心自己"是不是得癌症了""是不是心脏哪里出问题了"，继而逐渐心情低落，心理状态愈发虚弱。

心是身体的能量之源，因此能量一旦减弱身体也自然而然地失去活力。

越是担心自己的健康，反而越容易生病。

身体都是有缺点的。不可能时常保持百分之百健康。并且，身体时常是有问题的，并且迟早会停止运转。这是谁都无法阻止的过程。但这时，更应阻止心灵也随着身体遭受损害。

● 心灵是能量，是命脉

心灵是能量，是命脉，绝非身体那样的机器。

因此，心灵并不像机器那样会在使用过程中渐渐运转不良，甚至停止运转。

心灵不仅不会这样消耗，反而还能够不断地发育成长。

心灵成长，同时会让身体得到它的能量，从而充满活力。即使身体迟早会停止工作，心灵能量也能够让生活的每个瞬间充实起来。

我们不要仅仅执着于身体，而要转换观念，注重培养心灵。

培养心灵，指的是洗去心灵的污垢。说得更简单点，即指今天比昨天、明天比今天都能够成为一个更好的自己。

如果今天生气了，那就尽量明天不生气。这样能每天修正自己的心灵，使其不断成长。

在此，我想介绍一下释迦牟尼阐释的有关身心关系的精彩表述。

曾经有一对与释迦牟尼交好的带发修行夫妇。那家男主人得了一场大病，但渐渐地总算是恢复到能够起身活动了。于是，两夫妇起身去拜访释迦牟尼。男人由于得了重病，脸色不好又意志消沉。释迦牟尼对这男人说了这样的话："所谓正确的生活方式是，即使身体出问题，心理也不能有问题，即使身体患病，心灵也不可抱恙。"夫妇俩听了释迦牟尼的这番话一改愁容，愉快地离去了。

身体有病痛，不要让心灵也跟着受苦

●● 关键在于多展笑容，常怀慈悲

即使在罹患癌症等重病时，也要让心灵坚强。

生病时，身体本身就会十分痛苦。那种不愉快感、疼痛、苦闷是非常难以忍受的。由于这些痛苦的折磨，心灵也容易变得脆弱。

但是，心灵一旦脆弱，能量也会减弱，进而导致身体恢复难上加难。

我们必须切断这一恶性循环。

那么，就需要让心情愉悦起来，方法就是展露笑脸。只要笑容常在，心情就会变得明朗。进一步，如果心有余力的话，尽可能常怀慈悲之心。要在心中默默祝愿一切生命都能够幸福、平稳、安定地生活。

这样一来，在心中有了慈悲之心的坚实基础，即使身体患病，也不会传染到心灵，心灵能够安逸。其实，对身体上的疾病来说，这就是无比珍贵的良药。

◐● 即使身体痛苦，也不要让心灵痛苦

我偶尔会同罹患末期癌症的患者见面。每次见面时我都会说下面这段话。

"您只是偶然地遗传到了致癌基因，所以请不要觉得是因为自己什么地方做得不好才会得病。接受现实，积极面对，心情愉悦地生活吧。我知道您身体的状况并不乐观，但正因为如此，没必要因为身体上有病痛就让自己的心灵也跟着受苦。"

那位患者会说，自己可能是做了什么孽障才会得癌症，但这样说不会解决任何问题。说出来除了感到人生的残酷，别无他用。

所以我不会聊这样的话题，反而会说一些能让他愉悦生活的方法。甚至我还会聊很多，教他如何进入"不执着"的状态。

我就是通过这些方法，来尽力帮助他脱离苦痛的深渊的。

惧怕死亡的真正理由

◑ 你是否为陌生人的"死"而伤心流泪?

大多数人追求身体"健康"的另一面,大概是基于对死亡的恐惧吧。

然而令人感到不可思议的是,我们好像并不是对"死亡"本身感到恐惧。比如,我们每天在电视或报纸上看到的类似于"谁去世了"这样的新闻。对于这样一条条新闻,你感到恐惧吗?

在海外的反恐作战中,用无人机进行轰炸,无辜群众被炸身亡。看到这样的新闻无动于衷的人也不在少数。而这之中,还有人一边数着死者人数,一边做着类似于这样的评价"这次的轰炸,没有什么效果啊"。

◑ 对对方的留恋,产生对"死亡"的恐惧

对自己或者自己亲近的人的死亡,态度便截然不同了。

害怕死亡,害怕自己亲近的人死亡。

如果你敲一下鼓，会把周围人吓到。但是，如果你继续有节奏地敲，那么大家会把它当作一场演奏而倾听。

"死亡"也是如此。

我们几乎不会在意和自己无关的人的死亡。如果碰到了自己讨厌的人，很可能会产生出"死了也活该"这样的心情。

另一方面，我们对自己和自己亲近的人的死亡会感到非常悲伤。

这是因为，我们对自己和自己亲近的人有所依恋，由此产生了对死亡的恐惧。

死对生也是一种能量

● 人终有一死

不管是自己，还是他人，我们必须坦率地承认人会死亡。

人终有一死。

这章开头我已经说过了，"生"与"死"构成了一个整体。而且，我们不知道什么时候会死。可能是明天，也有可能是 20 年后，还可能是今天下午也说不准。

我们每活一天就靠近死亡一天。

死是一个自然的过程。我们无论如何也不能控制它，因为它是一个自然规律。

对于"死"我们唯一能做的就是承认人是会死的，并在此基础上考虑"如何利用好人生短暂的时间"。

如果我们能变得意识到"死亡"的话，那么人就会发生很大变化。

●● 要过"即使明天死去也不后悔"的生活

如果我们能变得意识到"自己会死亡"的话，那么我们就能更清晰地看到"生活的道路"。

在第五章中所说的"做现在应该做的事儿"这种生存方法也就能够变得理所当然了。

用这种生存方法生活的人，不管死亡何时到来也不会恐惧。

如果我们能意识到"亲人会死亡"的话，那么我们就会产生出"一定要备加珍惜和他们相处的时间"的心情。

实际上，无论对方和你多亲，能够快乐相聚的时间并非那样的长。就算是夫妻，一直在一起的时间也非常短。

因为意识到"死亡的存在"，所以我们能把它们作为很明确的事实加以理解。

另外，能用这样的心情和对方交往的人，他们能更好地构建起人际关系。

意识到死亡的存在，能够使我们的"生命"变得更加充实。

如何跨过亲人死亡这道坎儿

●● 完成自己的义务

就算承认人是会死的，可一旦自己亲近的人死亡，必定遭受巨大痛苦。因为我们对于亲近的人有着难以割舍的感情。正因为这种感情的存在，所以当他们死亡的时候，悲伤会难以抑制地涌出来。

为了能够幸福安稳地、充满希望地生活下去，我们必须和"感情"说再见，取而代之的是满怀慈悲地去面对一切。然而，如果对方是自己亲近的人，就不那么简单了。

另外，没有接受过"承认人会死亡的"这种心理训练的人，这种悲伤会一直持续下去。

我曾经见过一个女人，她因为丈夫过世而整整伤心难过 30 余年。因为过度悲伤，所以她的身体成了各种疾病的栖身之所。

我曾经帮助她摆脱这种悲伤，花了不少时间。但是，一旦她从悲伤中解脱出来，她的身体状况立刻就好起来。

我们来说说如何能直面亲人的死亡吧。

首先，请试着体会从自己身体中涌出的悲伤所带来的冲击。

在心里给自己留一些悲伤的时间。

没有必要强行让自己不悲伤，不哭。

这种状态经过两三个小时，把"现实谁也无法逃避，人都会死亡的，这是客观规律，是世间发生的普遍现象和自然法则"这句话说给自己听。那么，这种悲伤应该就会慢慢减轻。

这样一来，立刻更换心情。考虑我现在应该做什么，我现在的任务是什么等等，并落实到行动上。无论多么悲伤难过，不能保持沉默。行动起来。这样就能变得冷静。

另外，规规矩矩地做好"自己该做的事"，就能继续保持对逝去的人的感恩之心。

比如，如果母亲去世了，就要继续保持"像母亲教导我的那样，成为一个优秀的人是对母亲的报答"这种心情，继续在自己的人生道路上前进。

跋

用"笑"充满能量

本书介绍了如何防止生命能量泄漏的方法。但另一方面，你自己的身体里也会生产出新的能量。换句话说，这就如同给手机充电一般，为生命充能量。

在我们的身体里，有一个特殊的"蓄电池"。这个蓄电池指的就是"生命力"——生存的力量。这个蓄电池的使用期限是"到死为止"。而在这期间，它是不会坏掉的。只要能适当地给它充电，就能保持正常运转。其中，也有人会在弥留之际，仍将他的蓄电池充满。这些人往往名留青史。全人类都不会忘记他们，就算是死后又过了一千年、两千年，他们依旧留存在人们的记忆之中。

比如释迦已圆寂两千五百多年，但世人还记得他、了解他。哪怕他已与世长辞，但他的能量永世长存。

我们不一定非要像释迦那样给自己的生命充能，但是保持自己生命力的蓄电池充满能量也是非常重要的。因为只有充满能量，才能幸福快乐地度过人生。那么，到底如何才能给生命充能呢？

方法就是"笑"。只需要每天笑笑就可以了。仅仅是保持笑容，就能给生命能量充能；仅仅是露出笑容，生命能量就会随之增多。笑起来，烦扰与不解都会消失，愠怒也会不见。这就可以将能量泄漏的源头彻底根除。

另外，若是满面笑容地学习，所学知识全都记得很清楚，问题也可轻松顺畅地解开。应当说，这也都是因为笑起来，能量增加了，头脑也变得好用了。

也就是说，就算遭遇了什么人生的重大问题，只要你过着充满笑容的生活，就能迅速找到解决问题的对策。实践充满笑容的生活，同样是件十分简单的事情。不论什么事情，全都用"笑"来替换即可。哪怕是对人感到愤怒的时候，请先试着压制怒意10秒、20秒左右。这样一来，能使愤怒转换为笑意的幽默感便会浮现脑海。

比如说，可以试着把"这个人是个蠢货"（日文是バカ/baka）换种说法："这个人是个河马"（日文是カバ/kaba）。如果这么做一定能够笑出来。"话虽如此，但我天性阴郁……"就算有这样的想法，也要强迫自己试着去笑。一开始的时候，只需在脸上露出笑容就可以了。其实这是一种很有趣的现象——不论遇到多么无聊的事情，只要让自己的脸上露出笑容，心情也会渐渐变得愉快起来。如此一来，在日常生活中多露出些笑容，多去放声大笑，性格也会跟着改变，会变得更加开朗。

如是，人生本身也就变得开朗而光明。不管人遇到怎样的事情，都不可丧失心中的光明。光明就是保持心灵健康的营养剂，是生命能量之源。反过来讲，若是失去心中的光明，心就很容易被愤怒所支配。而愤怒是自我毁灭的开始。放置不管的话，心会渐渐变得黑暗，很可能会陷入忧郁的状态。这是很危险的。关于这一点，本书已讲了不少，相信各位一定都能理解这一点。总之露出笑容就是不让愤怒进入心中的方法。

"不论遇到何事，都要保持笑容！"希望大家能把这句话当成自己的座右铭。

因为这是通向幸福的必由之路。

图书在版编目（CIP）数据

佛陀教你放下：一个斯里兰卡佛教长老的实践心理学 /（斯里）苏曼那沙拉 著；王
景惠 译 .— 北京：东方出版社，2015.11
ISBN 978-7-5060-8731-5

Ⅰ . ①佛… Ⅱ . ①苏… ②王… Ⅲ . ①佛教—人生哲学—通俗读物 Ⅳ . ①B948-49

中国版本图书馆 CIP 数据核字（2015）第 267070 号

SHUCHAKU SHINAI KOTO
Alubomulle Sumanasara 2012
First published in Japan in 2012 by KADOKAWA CORPORATION, Tokyo. Simplified
Chinese translation rights arranged with KADOKAWA CORPORATION, Tokyo through
Hanhe International(HK) Co.,Ltd.

佛陀教你放下：一个斯里兰卡佛教长老的实践心理学
（FOTUO JIAONI FANGXIA: YIGE SILILANKA FOJIAO ZHANGLAO DE SHIJIAN XINLIXUE）

作　　者：[斯里兰卡] 苏曼那沙拉
译　　者：工景惠
策　　划：吴常春
责任编辑：宁德伟　郭方欣然
出　　版：东方出版社
发　　行：人民东方出版传媒有限公司
地　　址：北京市西城区北三环中路 6 号
邮政编码：100120
印　　刷：北京市大兴县新魏印刷厂
版　　次：2016 年 1 月第 1 版
印　　次：2021 年 7 月第 2 次印刷
印　　数：5001—8000 册
开　　本：880 毫米 ×1230 毫米　1/32
印　　张：4.875
字　　数：73 千字
书　　号：ISBN 978-7-5060-8731-5
定　　价：42.00 元
发行电话：（010）85924663　85924644　85924641